Pequeno livro de

VIAGEM

Guia para toda hora

CB010542

CIP-BRASIL. CATALOGAÇÃO NA FONTE
SINDICATO NACIONAL DOS EDITORES DE LIVROS, RJ

C21p

Campos, Mari
  Pequeno livro de viagem : guia para toda hora / Mari
Campos. – Campinas, SP : Verus, 2012.
   il.

  ISBN 978-85-7686-144-7

  1. Viagens - Guias. I. Título.

08-1912   CDD: 910.202
                                           CDU: 910.21

Mari Campos

Pequeno livro de
VIAGEM

Guia para toda hora

Edição revista e atualizada

VERUS
editora

Grupo Editorial Record

Editora
Raïssa Castro

Coordenadora Editorial
Ana Paula Gomes

Copidesque
Ana Paula Gomes

Revisão
Raïssa Castro

Capa & Projeto Gráfico
André S. Tavares da Silva

© 2008 Verus Editora

VERUS EDITORA LTDA.
Rua Benedicto Aristides Ribeiro, 55
Jd. Santa Genebra II - 13084-753
Campinas/SP - Brasil
Fone/Fax: (19) 3249-0001
verus@veruseditora.com.br
www.veruseditora.com.br

GRUPO EDITORIAL RECORD
www.record.com.br

Há um tempo em que é preciso abandonar as roupas usadas, que já têm a forma do nosso corpo, e esquecer os nossos caminhos, que nos levam sempre aos mesmos lugares. É o tempo da travessia: e, se não ousarmos fazê-la, teremos ficado, para sempre, à margem de nós mesmos.

Fernando Teixeira de Andrade

SUMÁRIO

INTRODUÇÃO

Viajar, já dizia Álvaro de Campos, heterônimo de Fernando Pessoa, é sentir tudo de todas as maneiras. A viagem tem que ser boa antes, durante e depois. Ela não dura somente os dias em que estamos fora de casa – começa exatamente no dia em que você dá o primeiro passo para planejá-la e, na verdade, não termina nunca, porque recomeça cada vez que você revê ou mostra suas fotos para alguém, conta um episódio engraçado do passeio ou até mesmo um apuro pelo qual passou.

E é preciso aproveitar cada instante, cada momento dessa jornada. Planejar seu itinerário com cuidado, mas não ser escravo do turismo. Visitar as principais atrações, sim, mas sem estresse, sem achar que é obrigatório "bater ponto" em todos os cartões-postais do destino. Ter tempo livre para, como diriam os franceses, flanar. E nunca cometer o crime de ver os monumentos somente da janelinha de um ônibus de excursão.

Este livro está dividido em escalas, e cada uma delas representa uma importante etapa para que sua viagem seja inesquecível e você não deixe escapar nenhum detalhe. Optamos por manter o foco em viagens internacionais porque elas geram mais apreensão e exigem mais tempo de preparo, por envolverem, em geral, maiores custos, distâncias e diferenças – sejam culturais, linguísticas ou de moeda. Assim, este livro pretende ser um guia para ser consultado desde o momento em que você começa a sonhar com a viagem até o dia em que chega, cansado mas feliz, em casa, com suas compras, fotos e histórias para contar.

Ao final do livro, você vai encontrar um glossário básico com alguns termos utilizados ao longo do texto e também uma lista com os *sites* mais interessantes e úteis, para você usar e abusar da internet ao planejar sua viagem, com segurança e praticidade. Além disso, há um Apêndice com os direitos e deveres do viajante, para você ficar sempre atento em suas andanças pelo mundo.

Viajar é quase uma filosofia, um estilo de vida. E vicia. Difícil encontrar quem comece e pare. E cada viajante tem o seu perfil – mesmo quando pegamos dicas com amigos, ou em *sites* e revistas, sempre deixamos a viagem com a nossa cara, nossa marca registrada, não é? Uma viagem bem planejada é como uma roupa sob medida: exclusiva, só sua. Aproveite as dicas que encontrar aqui e viaje também, sempre.

Primeira escala
PLANEJAMENTO

Antes de mais nada

Viajar exige definir uma opção de abordagem para o passeio, e isso é algo extremamente individual e intransferível. O prazer para uns pode estar no percurso, para outros nos cenários, ou no choque cultural, nos hotéis, nos mercados, nas refeições, ou até em tudo isso junto. Na hora de começar a planejar sua viagem, tenha em mente o seguinte:

✔ **Aproveite para fazer pequenos estudos antropológicos em cada passeio,** observando cotidianamente como cada pessoa se comporta no destino, seja ela moradora ou turista. Essa observação diária é capaz de despertar, a cada viagem, algo novo dentro de nós – ao regressar, podemos perceber que temos uma pequena queda para o consumo, ou que somos apaixonados por gastronomia e nem sabíamos, ou até que uma certa dose de rebeldia cai bem no dia a dia.

✔ **Uma viagem depende, simultaneamente, do viajante, do tempo (meteorologia e duração) e do destino.** O mesmo viajante pode ter sensações completamente distintas na primeira e na segunda (ou terceira, ou enésima) vez que visita um local – como quem assiste a um filme muito tempo depois de tê-lo visto pela primeira vez e interpreta o enredo de maneira totalmente diferente.

✔ **Cada pessoa tem um estilo diferente de viajar.** Algumas gostam mais de museus, outras de caminhadas, outras de arquitetura, outras até mais das compras que da viagem em si. Leve isso em consideração antes de eleger suas companhias para desbravar o mundo.

✔ **Nada costuma ser tão atraente numa viagem quanto a heterogeneidade.** Perceber de fato as peculiaridades cotidianas de povos, culturas, costumes, religiosidades, comidas torna-se ainda mais interessante devido à heterogeneidade dos destinos. Observar com sensibilidade outros países, povos e cidades, no dia a dia deles, abre nossos horizontes – e nossa assimilação do "diferente" torna-se cada vez maior. Com um bom planejamento de viagem, essa assimilação começa antes mesmo do embarque, com o conhecimento prévio sobre a cultura e a história do destino a ser visitado.

✓ **Saiba que dentro de cada viajante e turista há inúmeras espécies de viagens-embrião,** com destinos, companhias e propósitos diferentes, todas elas esperando ansiosamente a chance de se tornarem reais – quando preferências, tempo e dinheiro disponíveis entram em acordo.

✓ **Aproveite para revisitar um destino querido sem a "obrigação" de conhecer os pontos turísticos** (aquele tipo de visita que nos permite simplesmente nos perder sem rumo na cidade ou até mesmo visitar todos os pontos turísticos de novo).

✓ **Dê-se ao luxo de programar viagens para destinos que não estão no mapa da maioria das pessoas que você conhece, mas sempre estiveram no seu.** Se você sempre sonhou em conhecer a Tunísia, mas seus amigos nem fazem ideia de onde fica esse país africano, o que importa? Há casos até de destinos que antes não estavam em sua lista de desejos, mas de repente você se vê pensando neles insistentemente. Lembre-se de que as viagens que *você quer fazer, por você*, são, sem dúvida, as melhores possíveis.

Documentação

✔ **Antes de embarcar, é OBRIGATÓRIO ter certeza de que sua documentação está em ordem.** Seja para passear ou morar fora, são vários os documentos que você precisa ter em mãos na hora de entrar no país, e também para facilitar sua vida por lá. O ideal é que toda a papelada seja guardada junta, no mesmo lugar (uma pasta, por exemplo), para não haver problema.

✔ **Pesquise com cuidado a necessidade de obter visto para o destino escolhido.** Se você vai viajar para os Estados Unidos, por exemplo, e não tem cidadania europeia, precisa de visto específico para o que vai fazer por lá. Tirar o visto norte-americano, com propósito justo e definido, não é nenhum bicho de sete cabeças, como muitos pensam. Os vistos que são negados geralmente foram requeridos por pessoas sem vínculo empregatício no Brasil, que podem ter a intenção de imigrar. Se você vai viajar pela empresa ou apenas passar férias por lá, reúna toda a documentação exigida e compareça ao consulado no dia e hora marcados. Em poucos dias, o passaporte com o visto estará em suas mãos. Quem tem passaporte europeu faz parte do programa Visa Waiver do governo norte-americano, que isenta o viajante da necessidade de visto para períodos de até noventa dias. Mas, antes de viajar, é preciso entrar em contato com o consulado, pela internet mesmo, para solicitar autorização de ingresso no país, mediante taxa.

✔ **Se vai à Europa com passaporte europeu ou para viagens curtas de férias, fique tranquilo,** pois não há necessidade especial de visto para os países integrantes da União Europeia. Mas, se for ficar por mais de três meses no continente ou quiser trabalhar por lá e não tiver cidadania europeia, vai precisar de visto.

✔ **Se você está viajando em férias,** deixe num local de fácil acesso o *voucher* dos hotéis ou o endereço de onde pretende ficar, assim como as passagens, o seguro-viagem e os telefones e endereços dos consulados e embaixadas brasileiros nos lugares a ser visitados.

✔ **Se vai estudar, trabalhar ou morar no local para onde está viajando,** anexe aos documentos já citados todos os vistos e certificados que você providenciou para essa jornada.

✓ **Quem viaja com passagem de estudante** tem que apresentar o comprovante de matrícula da escola no ato de embarque, no próprio aeroporto (e às vezes na Imigração também).

☞ Vale ressaltar que o passaporte europeu é uma "mão na roda" para quem viaja tanto para o Velho Continente como para outros destinos. Além de permitir trânsito livre (e trabalho!) no continente europeu, elimina a necessidade de visto para países como EUA e Canadá, respeitando as normas do programa Visa Waiver. Ele facilita – e muito! – a vida de quem viaja a passeio e, sobretudo, daqueles que pretendem mais que simplesmente tirar férias. Vale a pena gastar tempo e um dinheirinho também vasculhando sua árvore genealógica, para ver se você tem algum antepassado proveniente de um dos países integrantes da União Europeia.

✔ **Alguns países da África, América Central e do Sul, Ásia e até mesmo da Europa** exigem que o visitante tome vacinas específicas, e é preciso apresentar um certificado que ateste a vacinação. Informe-se, na embaixada ou no consulado do país que pretende visitar, sobre essa necessidade. A vacina contra a febre amarela costuma ser a mais exigida. Ela pode ser tomada nos postos de vacinação da Anvisa instalados nos aeroportos brasileiros e é válida por dez anos. Atenção: essa vacina deve ser tomada no mínimo dez dias antes da viagem.

Dinheiro

A pergunta "Quanto levar para se manter numa viagem?" nunca pode ser facilmente respondida, porque isso depende do estilo, do tipo de viagem e das possibilidades de quem viaja. E também, é claro, do destino. Quem viaja à Tailândia certamente precisa de muito menos verba que quem viaja à Inglaterra. Da mesma forma, quem viaja para morar ou estudar tem que incluir no orçamento custos diferentes (como aluguel, mensalidades, supermercado etc.) daqueles de quem viaja só a passeio.

Antes de mais nada, é preciso calcular as *suas* necessidades na hora de fechar seu orçamento. Saber quanto seu amigo gastou numa viagem para o mesmo lugar é bom como referência, mas não pode ser regra. Orçamento é algo extremamente pessoal e intransferível. E valer-se de muita pesquisa na internet (em *sites* de revistas, guias de viagem, *blogs*) é fundamental para saber o valor médio das coisas (transporte, alimentação, passeios) nos locais a ser visitados.

> Lembre-se sempre de que o valor gasto em alimentação, transporte e entradas para as atrações varia muito de um país para outro, ainda que vizinhos.

Assim como um mês de aluguel num apartamento bastante simples pode custar o dobro numa cidade ou país vizinho.

✔ **Defina destino, quantidade de pessoas viajando juntas e duração da viagem,** depois some hotéis, voos, traslados, seguros e passeios básicos e coloque tudo numa planilha. Pelos custos gerais, você define se vale mais a pena comprar um pacote ou viajar por conta própria.

✔ **Pesquise muito sobre seu destino, dentro de suas preferências:** valores médios de restaurantes, ingressos para atrações, transporte público, passeios, *shows*, vida noturna etc. Colocando os valores médios de todos esses itens na sua planilha, você consegue saber, dentro do montante que está disposto a gastar com a viagem, quanto sobrará para outros passeios e compras.

✔ **Eleja prioridades na sua planilha:** deixe-a com a sua cara. Se o total de gastos está quase empatando com o que você pretendia gastar, opte por um hotel mais simples, por exemplo, se a acomodação não for tão importante para você, e use essa "sobra" para uma compra ou passeio extra. Se você é daqueles que adoram um hotel mais luxuoso, com todas as comodidades possíveis, vai precisar de um orçamento mais flexível.

✔ **Se seu orçamento for muito apertado, leve a planilha com você na viagem e procure manter-se fiel às suas previsões.** Como imprevistos – bons e ruins – sempre acontecem, acrescente no seu orçamento, antes de partir, uma verba extra para emergências (pelo menos 10% do total previsto). Serve para – toc, toc, toc – um acidente, mas também para um jantar no melhor restaurante da cidade na última noite, por exemplo.

✔ **Leve cartão de crédito internacional, dinheiro em espécie e uma reserva em *traveler's checks* (cheques de viagem) ou cartões pré-pagos,** como o VTM (Visa Travel Money). Não vale a pena se arriscar andando por aí com grandes somas de dinheiro, mas é bom levar dinheiro na moeda do país visitado já ao sair do Brasil, suficiente para pelo menos os primeiros dias. Há incidência de IOF (2,38% do valor) sobre as compras efetuadas com cartão de crédito, mas compensa, pois o câmbio é sempre feito com a cotação oficial da moeda, enquanto nos cheques e no VTM paga-se a cotação turismo, que geralmente é mais alta, além de o cartão de crédito ser aceito em mais estabelecimentos. Sem contar que os gastos no cartão ainda podem ser revertidos em milhas...

Compras

Brasileiros são frequentemente conhecidos em outros países como turistas consumistas. Não é raro que em Nova York ou Buenos Aires, por exemplo, os turistas mais abarrotados de sacolas sejam... brasileiros! O comportamento de consumo numa viagem muda muito de uma pessoa para outra – tem gente que viaja praticamente para fazer compras, outros consomem muito pouco em viagens, e tem até, acredite, gente que simplesmente não suporta perder tempo em outro país olhando lojas e fazendo compras. Mas, no fundo, todo mundo quer trazer, para si ou para amigos e familiares, lembrancinhas dos lugares visitados – isso é normal.

Para aqueles que costumam dar vazão aos impulsos consumistas em viagens ao exterior, vale levar em consideração os seguintes aspectos:

✔ **Em muitos países, é possível solicitar a devolução do imposto sobre as mercadorias compradas (*tax refund*)** — há sempre uma quantia mínima a ser gasta, e ela varia de país para país. O reembolso pode ser solicitado em lojas que exibam o selo *tax free*, desde que a compra tenha ultrapassado o valor mínimo estipulado para o *tax refund* naquele país. No ato da compra, solicite ao vendedor o formulário de *tax free* para ter direito à devolução do valor correspondente aos impostos sobre a(s) mercadoria(s) no aeroporto, quando estiver partindo de volta. Vale lembrar que, em algumas lojas, é necessária a apresentação do passaporte ou do documento de viagem no ato da compra para ter direito ao formulário.

✔ **Se você está indo viajar para morar, estudar ou trabalhar no destino, tente deixar as compras mais caras para os últimos três meses de viagem,** antes de voltar para o Brasil, para ter direito ao *tax refund* (somente compras feitas nos noventa dias que antecedem o retorno dão direito à devolução do imposto).

> Fique sempre atento aos valores de suas compras: roupas para uso pessoal, livros e lembrancinhas não entram nessa conta, mas viajantes só podem trazer quinhentos dólares em compras isentas de impostos quando voltam de viagens ao exterior. Valores superiores a esse são taxados em 50% na alfândega brasileira – e nem pense em não declarar os bens na chegada, pois a multa representa 100% sobre o valor do produto.
>
> Pense nisso antes de sair comprando "aquele" *notebook* ou "aquela" câmera fotográfica moderníssima – é o tipo do barato que pode sair muito caro. A cota é individual e não pode ser somada por casais, familiares ou grupos de amigos.
>
> As novas regras da Receita Federal brasileira permitem que o viajante traga, isento de impostos, uma câmera

fotográfica (excluindo lentes e acessórios), um celular e um relógio, desde que as mercadorias estejam FORA DA CAIXA e EM USO com o passageiro. Ou seja, a câmera precisa ter sido utilizada na viagem, o celular precisa estar com um *chip* operante e o relógio tem que estar no seu pulso. E mais: esses produtos têm que ser, segundo a Receita, "compatíveis com o tipo e a duração da viagem". Se você fez uma viagem de uma semana a passeio, não pode comprar livre de impostos uma câmera profissional de última geração.

Quando você desembarca de volta ao Brasil, escolhe passar pelo setor alfandegário do "nada a declarar" (se suas compras estiverem dentro do limite) ou "bens a declarar" (quando adquiriu produtos em valor superior ao permitido). Se você optou pelo "nada a declarar", ainda assim pode ser parado pelas autoridades e "convidado" a abrir sua bagagem — é raro, mas pode acontecer, por amostragem ou por suspeita sobre o passageiro. Por isso, guarde todas as notas fiscais dos produtos que comprou e leve-as consigo, para evitar problemas de desembaraço, sobretudo se estiver retornando de um lugar tradicionalmente ligado às compras, como Miami.

A Receita Federal brasileira aboliu a declaração de saída temporária de bens. Por isso, leve todas as notas fiscais dos produtos que estiverem embarcando com você ao exterior, como câmeras fotográficas, *notebooks*, *netbooks*, celulares etc., se esses produtos não tiverem sido fabricados no Brasil. Melhor prevenir que remediar. No *free shop* do aeroporto brasileiro, na volta ao país, você tem direito a mais quinhentos dólares em compras.

✓ **Conheça sempre os *street markets*,** aqueles mercados a céu aberto repletos de barraquinhas com quinquilharias típicas, como o Chatuchak Market e a Khao San Road, de Bangkok, Camden Town e Notting Hill, em Londres, San Telmo e Palermo, em Buenos Aires, e muitos outros. Além dos bons preços, são ambientes bastante pitorescos e emblemáticos, com artigos inusitados para complementar sua viagem e a garantia de ótimas compras.

Seguro-viagem

Seja para ficar uma semana, um mês ou para morar por tempo indefinido, não há como pensar em viajar para outro país sem estar munido de um bom seguro-viagem, com cobertura contra doenças, morte e extravio de bagagem. Não só pela comodidade e segurança que ele representa – nada como estar protegido sempre, não é mesmo? –, mas também porque uma simples dor de dente em euros pode minar seu orçamento.

Por isso, invista num seguro com cobertura mínima adequada ao seu destino e não reclame

– pode parecer dinheiro jogado fora (e tomara que seja mesmo, já que ninguém quer que incidentes atrapalhem sua viagem), mas certamente será uma das menores despesas de suas férias.

Na hora de adquirir o seu, leve em conta os seguintes fatores:

✓ **Quem tem passaporte europeu** não tem necessidade de adquirir um seguro-saúde para viajar à Europa. Mas, ainda assim, não há nada de mau em contratar um seguro antes de sair do Brasil, até porque será de extrema valia em casos como extravio de bagagem, por exemplo. E mesmo quem tem passaporte europeu precisa de seguro-viagem em qualquer destino fora da União Europeia.

✓ **Se você comprar a passagem com um cartão de crédito internacional** – o que provavelmente fará –, dependendo do tipo do cartão você pode ser beneficiado com o seguro embutido gratuitamente (sobretudo nas versões Gold e Platinum). Confirme com a operadora do cartão logo depois de comprar a passagem. Verifique todos os detalhes: há cartões que concedem apenas cobertura contra fatalidades nos voos, outros somente seguro-bagagem, outros seguro-saúde... Vale conferir para não ter surpresas desagradáveis.

✔ **Os seguros-viagem mais comuns são o ISIS** (para estudantes e não estudantes, e um dos mais aceitos no mundo inteiro), o Travel Ace, o Assist Card e o MIC. Você compra qualquer um deles numa agência de viagens. Um ótimo seguro, recomendado até pela Lonely Planet, é o World Nomads, que tem preços em geral bem menores que os de outras empresas e coberturas significativamente maiores. Mas só está disponível para compras *online*, no *site* www.worldnomads.com. Ele pode representar uma economia considerável, sobretudo em viagens mais longas.

✔ **Quem viaja para a Europa e não tem cidadania europeia precisa de um seguro-viagem com pelo menos trinta mil euros de cobertura.** É difícil acontecer, mas o seguro pode ser solicitado pela Imigração quando você estiver entrando no país – por isso fique com ele em mãos ao desembarcar e leve sempre o cartão do seguro com você quando estiver passeando.

✔ **Quem viaja grávida ou pretende praticar esportes** (como esqui) deve solicitar o seguro específico para seu perfil, para não ter surpresas – muitos seguros comuns não oferecem cobertura nessas situações.

✔ **Se seu destino é Espanha, Grécia, Itália, Luxemburgo, Portugal, Argentina, Chile, Uruguai ou Cabo Verde,** mesmo que pretenda morar ou passar uns bons meses por lá, eis uma boa notícia: o CDAM (Certificado de Direito a Assistência Médica) oferece assistência médica gratuita para quem já teve carteira assinada no Brasil, autônomos que recolhem INSS, empregadores e aposentados. Entre em contato com o Ministério da Saúde e solicite seu certificado com antecedência – o processo é confuso e burocrático, e é preciso paciência.

Comunicação

Foi-se o tempo em que enviar cartões-postais era a única forma economicamente viável de mandar notícias para amigos e familiares durante seus dias de férias. Os avanços da tecnologia estão ao lado do viajante não apenas antes da viagem, na fase de pesquisa e planejamento, mas também durante todos os dias mundo afora.

✓ **Em qualquer destino, você encontra inúmeros cyber-cafés ou *lan houses* nos quais, por pouco dinhei-**

ro, pode enviar mensagens por *e-mail*, conversar *online* via *sites* como o MSN ou até ligar de graça para casa, por meio de ferramentas como o Skype. Pode aproveitar para baixar suas fotos e gravá-las num CD ou *pen drive*, para liberar espaço no cartão de memória de sua máquina fotográfica – de quebra, dá para enviar algumas para os amigos, para compartilhar tudo de legal que você está vivendo, ou usá-las para abastecer seu *blog* de viagens. E o melhor: hoje em dia, são muitos os estabelecimentos, como restaurantes, lojas e cafés, que oferecem acesso à internet sem fio de graça para seus clientes. Hotéis com internet grátis para os hóspedes também são uma mão na roda durante a viagem – e, felizmente, cada vez mais comuns no mundo inteiro.

✓ **Falar pelo telefone também ficou muito mais em conta nos últimos anos.** O celular, desde que tenha *chip* de tecnologia GSM, está bem mais acessível – ainda não é barato, porém, fazer e receber ligações. Mas use e abuse das mensagens: receber é sempre de graça e enviar custa no máximo um euro. Viajar com um *smartphone* também ajuda muito: com a infinidade de novos aplicativos para esses equipamentos, o usuário pode armazenar dados e mapas, consultar informações, alterar dados, acessar a internet em qualquer lugar etc. Todas essas ferramentas costumam ser muito úteis ao longo da viagem.

✔ **Ligar a cobrar sai mais caro,** mas tem a comodidade de ter o custo cobrado diretamente na fatura de seu telefone (ou de sua família, ou de seus amigos), em reais. O melhor sistema é o Brasil Direto, da Embratel, que disponibiliza um número gratuito, com assistência em português, em inúmeros países.

> ☞ A alternativa mais barata é ligar com cartões pré-pagos, à venda em tudo quanto é banca de jornal e lojinha de telefonia, ou dos locutórios (*phone cabins*), que cobram um preço fixo por minuto de ligação, dependendo do destino a ser chamado.

Segurança e imprevistos

Todo viajante está sujeito a passar por alguns apuros durante o passeio. Sendo prevenido na hora de planejar sua viagem, é possível diminuir esse risco a índices mínimos. Mas imprevistos acontecem, não é mesmo? Assim, vale sair de casa já sabendo o que fazer nas seguintes situações:

✔ **Se sua bagagem se extraviar:** caso você chegue ao destino e não encontre sua bagagem, não entre em pânico. Vá direto ao balcão da companhia aérea ou ao guichê de reclamação de bagagens e registre a queixa. A parte ruim é que as companhias aéreas têm até três dias para entregá-la onde você estiver, por isso levar uma muda de roupa e todos os objetos de valor consigo, na bagagem de mão, é essencial em viagens aéreas; a parte boa é que, apesar de os extravios serem muito mais comuns do que gostaríamos, os casos de perda de bagagem são raros. Ter feito um seguro antes de sair do Brasil, ou ter comprado a passagem com um cartão de crédito que ofereça esse benefício, ajuda, já que a seguradora possui serviço de localização e identificação de bagagem extraviada. Muitas também oferecem reembolso de gastos emergenciais enquanto a bagagem permanecer desaparecida. Caso sua mala se perca para sempre, a indenização devida pela companhia aérea é de vinte dólares por quilo de bagagem despachada. Outras indenizações e reparações de danos devem ser negociadas diretamente com a companhia ou na justiça, dependendo do caso.

✓ **Se você perder seu passaporte:** procure imediatamente o consulado ou a embaixada brasileira para fazer um documento provisório (eis mais uma razão para você manter sempre perto os telefones e endereços desses órgãos). Se você tentar viajar sem o passaporte, mesmo para destinos próximos de onde estiver, pode arrumar confusão. Vale também sair do Brasil com o documento original e uma cópia, para facilitar os procedimentos de confecção do documento provisório. Enviar para o seu *e-mail* uma cópia escaneada do documento é sempre uma ideia prática e eficiente.

✓ **Se você perder seu cartão de crédito, cartão pré-pago ou *traveler's checks*:** ligue imediatamente para a central do cartão ou para a emissora dos *traveler's* *checks*, para comunicar a perda ou o roubo e solicitar a reemissão. No caso do cartão de crédito, a reemissão e a entrega fora do país costumam ser gratuitas e acontecer em 24 horas. Mas vale lembrar que essas operações podem ser taxadas, e os valores variam conforme o banco e a operadora – verifique esses dados antes de viajar, para não ter surpresas desagradáveis. Já cheques de viagem perdidos costumam ter a segunda via entregue ao proprietário, onde ele estiver, sem custos, no prazo de até 48 horas. Mantenha esses telefones sempre com você, para diminuir o nervosismo comum a esse tipo de situação.

✔ **Se você perder um voo ou conexão:** no caso de voo independente, vale o que estiver escrito no bilhete – se ele for reembolsável e remarcável, perfeito; do contrário, a companhia aérea não tem obrigação nenhuma de encaixar o passageiro em outro voo. Ainda assim, não custa ir até o balcão da companhia aérea, explicar seus motivos e torcer por um atendente compreensivo e um voo seguinte com assentos vagos. No caso de perder uma conexão, procure também diretamente o guichê da companhia aérea. Normalmente essas perdas são causadas por atrasos em voos ou mau tempo, e os passageiros são automaticamente alocados nos voos seguintes. Aliás, evite comprar voos cujo tempo de conexão seja muito apertado. No caso de trens, barcos e *ferries*, as regras variam muito de acordo com a companhia. Vale checar no *site* da empresa em questão quais são as regras.

✔ **Se seu voo estiver atrasado, com *overbooking* ou for cancelado:** em qualquer um dos casos, procure o guichê da companhia aérea. Seja educado e tente ouvir com calma as informações passadas pelos atendentes – esse item é essencial. Existem mesmo circunstâncias que impossibilitam decolagens, como mau tempo, erupções de vulcão, furacões etc. As normas e leis de proteção de passageiros são diferentes no Brasil e no exterior para esses casos; confira antes, na internet, quais são seus direitos e deveres no destino para o qual vai embarcar. Na União Europeia, por exemplo, atrasos superiores a duas horas já dão direito a *voucher* para alimentação no aeroporto. Em caso de atrasos superiores a oito horas, a companhia é obrigada a acomodar o passageiro em outro voo ou a reembolsar o valor da passagem em quase todos os destinos, com exceções aplicáveis em caso de catástrofes naturais. Se seu voo estiver lotado, você tem direito a ser acomodado em outro. Mas atenção: a reclamação em caso de *overbooking* só é válida se o passageiro tiver comparecido para o *check-in* no prazo estipulado – no caso de voos internacionais, com no mínimo uma hora de antecedência. A recomendação para viagens internacionais é chegar ao aeroporto sempre três horas antes do horário de partida do voo; e duas horas para viagens dentro da América do Sul. Para voos cancelados, cada companhia aérea tem uma conduta diferente, que pode incluir acomodação num hotel até o próximo voo ou num voo de uma companhia parceira, por exemplo. De qualquer maneira, não fique parado: vá até um atendente da companhia e pergunte qual será a compensação para os passageiros na circunstância em questão.

✓ **Se você for assaltado:** em primeiro lugar, mantenha a calma. Verifique o que foi furtado, para tomar as providências cabíveis – como cancelar o cartão de crédito, bloquear o celular, solicitar novos cheques de viagem etc. Se possível, procure um posto da polícia local ou da polícia turística e registre a ocorrência.

Se a comunicação em outra língua for difícil, procure ajuda no hotel em que está hospedado ou num escritório de turismo.

✔ **Se você ficar doente:** tão importante quanto sair do Brasil com um seguro-viagem é ter lido aquela apólice de letras minúsculas para saber como proceder. Cada seguradora tem um sistema: algumas utilizam sistema de reembolso, outras fornecem senhas para atendimento e assim por diante. Informe-se, antes de sair de casa, sobre como funciona seu seguro (tire suas dúvidas com seu agente de viagens) e leve sempre com você o cartão com os telefones para atendimento. E, claro, não se automedique. O Centro de Informação em Saúde para Viajantes (Cives), ligado à Universidade Federal do Rio de Janeiro, traz informações úteis relacionadas às doenças mais comuns que acometem os viajantes. Vale dar uma lida no *site* da instituição e ficar ligado.

✔ **Se seu hotel estiver lotado:** *overbooking* também pode acontecer em redes hoteleiras, e falhas em sistemas de reservas *online* são possíveis, mas o problema geralmente é solucionado com diplomacia. Caso tenha reservado o hotel por meio de uma agência brasileira ou de um receptivo do local, ligue para eles (a cobrar) e exija providências. Como sempre, vale o lembrete: educação e diálogo são os melhores métodos para solucionar problemas.

Se exigirem pagamento no hotel de diária já paga anteriormente, via internet: entre em contato o mais rápido possível com o *site* em que efetuou a compra para solicitar o estorno da operação.

Segunda escala
ROTEIRO

São muitos os fatores que você deve levar em consideração ao montar o roteiro de uma grande viagem. Tenha em mente, antes de mais nada, que não vale nem um pouco a pena passar por vinte cidades em vinte dias, apenas para dizer que rodou o mundo.

Montar um bom roteiro envolve tomar decisões, estabelecer critérios e fazer escolhas – e todos esses itens são extremamente individuais. A troca de experiências e informações com outros viajantes é essencialmente válida, mas avalie cada item e cada informação pesquisada com base em *seus* valores, interesses, disponibilidade de tempo e possibilidades financeiras, antes de definir seu passeio.

Quando viajar?

As melhores estações para conhecer qualquer lugar, sobretudo destinos com estações do ano bem definidas, são a primavera e o outono, com temperaturas mais amenas, filas menores nas atrações mais concorridas, hotéis mais baratos e muita atividade cultural. Entretanto, são poucas as pessoas que têm a sorte de poder viajar na baixa temporada. Se você não é uma delas, já inclua em seu planejamento de viagem o tempo gasto em filas para museus e demais atrações, os acréscimos no preço da hospedagem e a necessidade de gastos extras (como a compra de um bom casaco impermeável para quem viaja no inverno, por exemplo), para não ter surpresas desagradáveis de última hora.

> Evite sempre que possível viajar para a Europa ou os Estados Unidos no mês de agosto, que coincide com as férias locais, pois você terá que dividir espaço com uma infinidade de turistas em todas as atrações e acabará pagando preços geralmente inflacionados em hotéis, restaurantes etc.

Se você viajar para um mesmo país nas quatro estações, pode estar certo de que terá experiências completamente diferentes a cada viagem. As cidades ficam muito diferentes, as paisagens mudam drasticamente e até as pessoas sofrem transformações significativas com a mudança das estações.

Se houver a possibilidade de retornar a um destino conhecido em uma estação do ano diferente, experimente.

> Se só puder viajar durante o mês de julho, não sofra com pensamentos negativos por ser o pico da alta temporada em quase todo o mundo. Esteja preparado para o grande contingente de turistas que encontrará pelo caminho e para eventuais atrasos em voos e filas demoradas em atrações disputadas. Programando-se antecipadamente para esses possíveis contratempos, você estará muito mais aberto para conhecer, visitar e passear pelos destinos.

Se é verão em seu destino

✔ **Prepare-se para longas filas,** excesso de turistas em suas fotos e o alto preço de tudo, até de uma garrafinha de água em alguns locais.

✔ **Procure fazer as atividades externas de manhã cedinho ou no final da tarde,** para evitar o sol muito forte e as filas maiores nas atrações – é fato: turistas não costumam acordar muito cedo. Além disso, a luz nesses horários é mais interessante para fotografar.

✔ **Beba muita água, o tempo todo,** porque a umidade em geral é muito baixa, e o calor e o sol forte desgastam mesmo o organismo. E, ainda que você não esteja encarando o mar caribenho, use óculos de sol e protetor solar sempre, porque o sol é forte e queimaduras ou até mesmo insolação podem arruinar suas férias.

✔ **Informe-se previamente sobre os festivais de verão do destino visitado.** Eles costumam oferecer programação cultural de excelente qualidade, gratuitamente. No *site* do departamento de turismo de cada destino, essas informações costumam aparecer detalhadas.

Se é inverno em seu destino

✓ **Se você só pode viajar em períodos em que o destino enfrentará um inverno rigoroso,** pense em cidades com bastante infraestrutura de transporte e para o turismo em geral e certifique-se de que o hotel reservado conta com sistema de calefação. Mas saiba que, com muito mais frequência do que se imagina, durante o inverno nesses países também há dias com céu claro e sol, em que é possível aproveitar as atividades ao ar livre. E, mesmo em dias cinzentos ou chuvosos, ainda há um mundo de opções a ser aproveitadas em qualquer lugar, de museus a tardes de compras.

✓ **Invista bastante em visitas a museus, exposições, espetáculos e castelos** – quando estiver muito frio, você tem até desculpa para passar mais tempo nas lojas (use e abuse das liquidações de inverno, que costumam oferecer casacos para neve e sobretudos a preços baixíssimos – as *rebajas* espanholas, por exemplo, são notórias pelos preços tentadores).

✔ **Aproveite os aspectos gastronômicos da viagem.** Para suprir suas necessidades calóricas em baixas temperaturas, deixe seu *cappuccino* vir acompanhado de crepes, *waffles* e outras delícias.

✔ **Programe as atividades externas para o meio do dia** – no inverno, o sol aparece às nove horas e se põe lá pelas quatro, cinco da tarde. Mas nem por isso abandone o protetor solar – o sol do inverno também queima, sobretudo quando há neve para refleti-lo.

✔ **Programe-se para mais gastos com transporte à noite** – quando a temperatura diminui e fica mais difícil encarar caminhadas debaixo de tanto frio.

Há destinos em que o inverno ainda é marcado por chuvas, gelo ou neve, o que também atrapalha os passeios a pé.

✔ **Uma vantagem das viagens durante o inverno** é que essa é uma excelente estação para fotografar – paisagens amplas, copas das árvores nuas, intensa luz do dia e neve. Sem contar que durante o inverno não há aquela infinidade de turistas aparecendo em suas fotos!

 ✔ **Aproveite a única estação em que as cervejas são geladas no hemisfério norte!** Além disso, o inverno europeu traz lotes especiais de cerveja para a temporada de frio.

✔ **Se você só pode viajar no começo do ano e quer ir para a Europa,** por exemplo, mas não gosta de invernos rigorosos, pode "usar" o continente como *stop* (local para conexão de voos, em que você pode ficar por alguns dias, se desejar) de viagens à África ou ao sudeste da Ásia, onde as temperaturas são muito mais amenas, os custos em geral baixos e os destinos incríveis. Assim você garante de tudo um pouco na viagem, intercalando o frio europeu com o calor de outros destinos. Durante o período de *stop*, procure investir em atividades que estejam mais ligadas a experimentar e vivenciar, como alugar um apartamento ou uma quitinete (ou *studio*, como se diz lá fora) e aproveitar o máximo possível uma grande capital, como "morador" – com tempo hábil para fazer viagens bate-e-volta para cidadezinhas próximas.

Para montar seu roteiro

✔ **Resista à tentação de parar em todas as cidades que atravessarem seu caminho.** Viajante tem mesmo uma sede insaciável de conhecer destinos, como se eles fossem mudar de lugar nos próximos anos. Mas para viajar é preciso ter foco. Conhecer um lugar não é simplesmente visitá-lo por algumas horas. Estabeleça metas e prioridades ao escolher os destinos envolvidos, de forma que você possa aproveitar de fato cada parada.

✓ **Deixe pelo menos quatro dias inteiros disponíveis para conhecer cada grande capital.** Com menos tempo que isso, você não consegue conhecer e aproveitar a cidade suficientemente – fica só peregrinando entre as atrações apressadamente e perde o melhor de cada uma. Vez ou outra, abra exceções para passeios bate e volta (saia de manhãzinha e volte à noite) para cidades pequenas e vilarejos nas imediações das capitais.

✓ **Não compre sua passagem internacional antes de finalizar todo o itinerário.** Você pode economizar (e muito) com isso. Apesar do excelente advento das companhias aéreas *low-cost*, comprando tudo de uma mesma companhia, os trechos internos (dentro do mesmo país ou continente, no caso da Europa e de parte da Ásia) acabam saindo quase de graça, e você conta com a segurança de ser embarcado num próximo voo da companhia caso perca sua conexão por mau tempo ou atrasos similares. Vale lembrar que muitas companhias aplicam multas pesadas para alterações e reemissões de bilhetes. Por isso, quanto mais seguro sobre seu roteiro você estiver na hora de comprar a passagem, melhor para o seu bolso.

 Use e abuse da internet – nada no mundo é tão fundamental para o viajante quanto a rede. Lá você simula e compara preços antes de embarcar, faz reservas com preços promocionais e confere opiniões de outros viajantes sobre locais que quer visitar ou onde pretende se hospedar.

✔ **Não reserve automóvel antes de definir seu roteiro;** aluguel de carro só faz sentido em viagens pelo interior dos países. Dirigir um carro nas grandes capitais pode se tornar um verdadeiro pesadelo, assim como achar lugar para estacionar nessas cidades costuma ser tarefa difícil e, muitas vezes, bem cara.

> Lembre-se sempre da máxima "Quanto antes, melhor": quem reserva antes geralmente sai ganhando nos preços de passagens e hotéis. Alguns museus e atrações também dão vantagens para quem compra ingresso antecipado.

✔ **O melhor dos lugares pode estar nos detalhes, na sinestesia.** Nem só dos monumentos mais famosos vivem os grandes destinos turísticos do mundo. Você pode ter belíssimas surpresas ao visitar lugares que nem estavam no guia. Não basta simplesmente ver a cidade, mas sentir, cheirar, tocar, ouvir, experimentá-la.

✓ **Não tenha pressa, porque para aproveitar bem cada viagem é preciso tempo.** Reduza o número de locais a ser visitados se for preciso, mas certifique-se sempre de que haverá tempo de sobra para imprevistos, para se perder propositada ou despropositadamente e para se sentar num café e simplesmente ver a vida passar, descansando as pernas de tantos passeios. Aliás, descansar entre os passeios é importantíssimo, afinal ninguém quer voltar da viagem precisando urgentemente de novas férias para repor as energias.

✓ **Informe-se sobre as companhias aéreas *low-cost* que podem fazer parte de sua rota.** Dependendo da antecedência na compra da passagem e do período do ano, é possível – acredite – encontrar até passagens gratuitas, sendo necessário pagar apenas as taxas de embarque (mas fique atento às limitações de peso da bagagem e às sobretaxas cobradas por muitas dessas companhias – tem *low-cost* que cobra até pelo uso do banheiro).

✓ **Colha relatos de outros viajantes.** Na escolha de um hotel, por exemplo, é fundamental conhecer a opinião de quem já esteve lá, seja um amigo, o agente de viagens ou alguém que deixou um depoimento em um *site* de referência, como o Trip Advisor. Blogueiros também costumam registrar opiniões interessantes e detalhadas, muitas vezes com fotos, sobre os quartos e as instalações dos quais usufruíram em suas viagens.

Terceira escala
BAGAGEM

A maioria das pessoas só se dá conta de como sua bagagem está pesada ao recolhê-la, na chegada ao destino, na esteira de bagagens do aeroporto. Ou pior: quando, ao chegarem ao local de férias, cansadas de uma noite maldormida no avião, arrastam a bendita mala escada acima e abaixo nas estações de metrô e percebem que vinte degraus parecem cem e cinco quadras parecem levar uma hora para serem percorridas.

Sejamos francos: são raras as pessoas que gostam de fazer as malas. Então, para não transformar isso numa tarefa ingrata, não pagar sobre-taxa por excesso de peso nem arruinar a coluna enquanto carrega a bagagem durante o passeio, pense nestas sugestões:

✔ **Quando decidir fazer a mala, separe as roupas, sapatos e acessórios que quer levar e os coloque em cima do sofá ou da cama.** Depois que estiver tudo separado, retire pelo menos 30% e coloque somente o que restou dentro da mala. Acredite, isso não é exagero – quanto mais leve a bagagem, mais simples será seu deslocamento, além de você não correr o risco de ter que pagar as tarifas salgadas de sobrepeso e ter espaço suficiente para eventuais compras que fizer no destino. Ninguém, salvo *top models*, precisa fazer um desfile de moda na viagem, com uma calça diferente a cada dia. Além disso, já está mais do que na hora de os brasileiros descobrirem o que os gringos já sabem há muito tempo: suas roupas podem ser lavadas e reutilizadas durante a viagem.

✔ **Para garantir que sua mala fique enxuta mas eficiente,** procure escolher somente peças úteis, que não amassem e de preferência que combinem entre si. Cores neutras, como preto, branco, bege e cinza, costumam funcionar bem com todas as outras. Leve alguns acessórios (lenços, cintos, broches, cachecóis etc.) para variar o visual, se você for do tipo que fica encanado de sair nas fotos mais de uma vez com a mesma roupa. Mas saiba que ninguém, além de você, vai se dar conta de que aquela blusa azul aparece em três dias diferentes.

✔ **No verão, é fácil lavar as peças até no próprio quarto,** já que é tudo levinho. Além disso, todo lugar costuma ter aquelas lavanderias *self-service*, que custam uma pechincha por quilo de roupa lavada. E você não vai ficar pobre se mandar lavar as peças no hotel uma vez ou outra. No inverno, a estratégia é lavar sempre só a roupa de baixo (camiseta, calça de baixo etc.), que é o que fica mais em contato com o corpo. Para uma viagem curta, um casaco é suficiente.

✓ **Mesmo que seja inverno, traje de banho deve ir na bagagem.** Afinal, quase não ocupa espaço e pode proporcionar momentos agradáveis numa piscina térmica, *hammam* (banho turco), *spa* ou sauna. Chinelo também vai sempre, pelo menos para usar no quarto do hotel ou no banheiro de albergues e pensões.

✓ **Não exagere nos sapatos.** Eles devem ser, acima de tudo, confortáveis para as longas caminhadas. Jamais leve sapatos novos numa viagem – pode ser seu pior pesadelo. Se achar necessário, colo-

que também na mala um modelo sobressalen-
te, mais chique, para as saídas noturnas e eventuais compromissos mais formais, como uma
ida à ópera.

✔ **Mantenha um *nécessaire* sempre pronto e completinho
para viagens,** com sabonete, *shampoo*, pasta e es-
cova de dentes, fio dental, cotonetes, *kit* de cos-
tura etc. – isso poupa tempo na véspera da viagem
e evita que você esqueça algum item importante. Hoje é fácil encontrar em drogarias esses produtos em versões pequenas, próprias para viagem – não faz sentido levar uma embalagem de
shampoo de 250 ml se você vai ficar fora apenas
dez dias. Uma farmacinha básica também é fundamental, com analgésicos, anti-histamínicos,
antigripais, *band-aids* e vitamina C, entre outros
medicamentos aos quais você esteja acostumado. E absorvente para as mulheres, sempre.

Para evitar a violação de sua bagagem nos aeroportos (o que infelizmente pode acontecer), esqueça o uso de apetrechos tecnológicos – não existe nada melhor do que solicitar, no momento do *check-in*, que o funcionário da companhia aérea coloque um lacre plástico nos fechos do zíper de sua mala. É gratuito e a maneira mais segura de garantir que sua bagagem chegue intacta ao destino. Mesmo bagagens plastificadas ou com cadeado podem ser violadas no aeroporto; já o lacre da companhia volta sempre intacto. Plastificar a mala só vale a pena se ela estiver danificada ou muito cheia e você temer estragos no couro ou nos zíperes durante o trajeto. No próprio aeroporto há pessoas que oferecem esse serviço. Em tempo: em viagens para os Estados Unidos, agora é necessário utilizar cadeados autorizados pela Administração de Segurança no Transporte, segundo legislação interna.

Em relação à quantidade de bagagem que você pode levar na viagem, cada companhia aérea tem regras próprias, mais ou menos simples, disponíveis no *site* da empresa e impressas no bilhete. Atente para os seguintes aspectos e conceitos, para não dar bola fora:

✔ **Tipos de franquia:** franquia é a quantidade de bagagem que o passageiro pode levar no trajeto. Pode estar atrelada ao conceito peso (quantidade de quilos permitida) ou ao conceito peça (quantidade de malas permitida). Em qualquer um dos casos, o excesso de bagagem normalmente é cobrado por quilo extra, mas é possível haver um valor fixo para cada peça extra.

✔ **Programas de fidelidade:** para os níveis mais altos dos programas de fidelidade das companhias aéreas, costuma ser concedida uma franquia extra de bagagem. Verifique se é o seu caso.

✔ **Cobrança:** o excesso de bagagem, seja por peso ou por peça, é cobrado em cada trecho. Algumas empresas já aderiram ao pagamento antecipado do excesso com desconto, para quem já sabe que vai chutar o balde. E há companhias que agora cobram por qualquer tipo de bagagem despachada, independentemente do peso.

✔ **Franquia de bagagem despachada:** varia muito de companhia para companhia, mas costuma ter como limite a extensão de 158 centímetros para a soma das três dimensões da mala (altura, largura e profundidade). Há voos que limitam a bagagem a uma peça de quinze, vinte ou 23 quilos, dependendo da companhia. Voos internacionais (exceto América do Sul) começados e terminados no Brasil têm franquia de dois volumes de até 32 quilos cada por passageiro – mas muita gente anda tentando derrubar esse acordo; vale ficar atento. Voos nacionais ou dentro da América do Sul costumam ter como limite vinte ou 23 quilos por passageiro na classe econômica, mas fique alerta: algumas companhias exigem que seja despachado um único volume, outras permitem que o peso seja dividido entre dois volumes.

✔ **Franquia de bagagem de mão:** em geral, não existe fiscalização ferrenha das bagagens de mão no que se refere a tamanho e peso, mas exageros são coibidos (até porque bagagens muito grandes não cabem no compartimento interno do avião). Normalmente a franquia fica limitada a 115 centímetros na soma de suas três dimensões. A maioria das companhias limita o peso a cinco quilos por passageiro, mas algumas chegam a aceitar dez ou até doze quilos por pessoa. Lembre-se de que, na bagagem de mão, não é mais permitido transportar líquidos em embalagens maiores que cem mililitros e com volume superior a um litro no total de líquidos transportados, nem objetos pontiagudos ou cortantes. Tais alterações no transporte de substâncias líquidas foram determinadas após a suspeita de tentativa de ataques terroristas com líquidos inflamáveis em voos entre a Inglaterra e os Estados Unidos. Na bagagem despachada, é permitido transportar até dois litros de substâncias líquidas.

✔ **Objetos de uso pessoal:** muitas companhias permitem que *notebooks*, câmeras filmadoras e bolsas femininas não entrem na soma das franquias de bagagem. Mas algumas, *low-cost* principalmente, não concedem esse benefício. Casaco e material de leitura a bordo costumam estar liberados.

✔ **Bagagens especiais:** equipamentos esportivos e instrumentos musicais, por exemplo, podem ser incluídos na franquia total de bagagem ou ser cobrados separadamente, como taxa extra. Já carrinhos de bebê e cadeiras de rodas costumam ser transportados gratuitamente. Em qualquer um dos casos, confirme com a companhia qual é o procedimento para não ser pego desprevenido.

✔ **Animais:** cada vez menos companhias aéreas permitem o transporte de animais, e aquelas que ainda o permitem limitam o tamanho do bichinho. Confirme sempre antes de decidir viajar acompanhado de sua mascote.

Quarta escala
ECONOMIA

Em termos gerais, existe uma máxima entre turistas: quanto antes você planejar sua viagem, mais barata ela fica. É claro que promoções de última hora existem, e são cada vez mais comuns. Mas não há garantia nenhuma de que você vá encontrá-las exatamente para o período que deseja, sobretudo para quem viaja na alta temporada. Então vale levar em consideração alguns aspectos para não gastar mais dinheiro que o necessário em sua viagem, independentemente do seu orçamento.

A mesma classe de um avião – econômica, por exemplo – é dividida em diversas subclasses de tarifa, identificadas por letras como T, V etc. Isso quer dizer que você pode descobrir que a pessoa que viaja a seu lado, vendo os mesmos filmes e comendo a mesma comida que você, pagou até metade de sua tarifa – ou o dobro.

As melhores tarifas sempre terminam primeiro, é claro, até porque geralmente têm pouca disponibilidade – por isso a antecedência na compra é importante. Aliás, a antecedência é importante até para quem compra a passagem aérea com milhas. Em viagens internacionais, recomenda-se a emissão com antecedência mínima de seis meses para ter mais chances de conseguir assento na data desejada. Na hora de reservar hotéis, a antecedência também costuma ser compensada com melhores tarifas.

> Um bom agente de viagens é um dos melhores amigos de qualquer viajante. Ele pesquisa as melhores ofertas para você, conhece bem o funcionamento do setor (qualidade dos hotéis, confiabilidade das operadoras etc.) e ainda representa segurança em caso de imprevistos.

Mas você também pode – e deve – fazer sua parte, valendo-se das ferramentas da internet, como os *sites* Lonely Planet, Venere e o completo Trip Advisor, entre tantos outros locais de reserva *online*. Hoje, é cada vez mais comum o viajante cuidar ele mesmo de todos os detalhes da viagem. A internet facilitou muito essas transações, e frequentemente encontramos em *sites* especializados ofertas muito interessantes do ponto de vista financeiro. Procure utilizar somente centrais já testadas por amigos e conhecidos, para garantir segurança e confiabilidade.

Alugar um apartamento para uma estada prolongada numa cidade também pode ser interessante, já que sai consideravelmente mais barato do que um hotel de categoria turística. Sem contar que a experiência de "morar" na cidade e fazer coisas cotidianas como se fosse um dos locais (ir ao supermercado, à padaria, cozinhar pratos que provou etc.) – ainda que por pouco tempo – não tem preço.

Experimente também fugir da rota Estados Unidos-Europa. Mesmo com o real valorizado nos últimos anos, existem destinos em que nosso dinheiro vale mais. Em lugares como Argentina, México, Turquia e Tailândia, por exemplo, hotéis, alimentação, transporte e compras custam menos que no Brasil – sem contar as adoráveis diferenças culturais e gastronômicas, que ficarão definitivamente marcadas em sua memória.

Para todos os casos:

✔ **Pesquise sempre as linhas aéreas *low-fare*,** como Easy Jet, Ryanair, Vueling, Zoom, Jet Blue, Flyglobespan, entre outras. Muitas delas atendem até mesmo rotas intercontinentais, geralmente entre Europa e Estados Unidos. A Zoom Airlines, por exemplo, vira e mexe tem voos entre Nova York e Londres por 199 dólares. Serviços *online*, como Expedia, Travelocity e Orbitz, oferecem, mediante cadastramento gratuito, alertas automáticos sobre promoções de passagens aéreas no mundo. A Travelzoo e a Airfarewatchdog também têm o mesmo serviço, mas tomam por base os voos saídos de sua cidade, e não os destinos, o que pode ser uma "mão na roda" para encontrar passagens realmente interessantes *para você*.

✔ **Pouca bagagem ajuda a reduzir custos,** porque essas empresas podem cobrar por malas embarcadas, fato cada vez mais comum, ou por peso superior a um limite específico, que costuma ser bem baixo (dez ou quinze quilos) em voos internos.

✔ **Se você viajar com pouca bagagem,** será fácil chegar e sair dos aeroportos usando metrôs, *shuttle services* e trens, o que normalmente representa uma economia interessante. Do aeroporto de Heathrow, em Londres, por exemplo, a viagem ao centro da cidade de metrô custa menos de um sexto do valor da corrida de táxi. Em Paris também: com o trem regional RER, que tem diversas paradas no centro da Cidade Luz, o viajante gasta apenas cerca de um sexto do valor do mesmo trajeto num táxi. A maioria das capitais do mundo oferece serviços de *shuttle bus* a preços bem razoáveis para alcançar a região central da cidade. E dá para chegar em alto estilo a Veneza pagando pouco, com o barco *Alilaguna*, que cobra doze euros para o transporte do aeroporto à Piazza San Marco, ponto central da cidade.

✔ **Cadastre-se em *sites* de ofertas de hotéis, passagens e passeios,** como Travelzoo, Expedia, Venere etc. – você recebe semanalmente boletins com ofertas para vários destinos do mundo. Vale também se cadastrar em *sites* de *private sales*, como Tablet Hotels ou SniqueAway, que costumam vender diárias em hotéis de luxo com desconto de até 50%. Outro *site* interessante é o Hotwire, que tem ótimas ofertas em hotelaria – você escolhe a região, as facilidades e a quantidade de estrelas que quer, mas só fica sabendo exatamente em que hotel se hospedará após ter efetuado a compra.

✔ **Quando já estiver no destino, faça seu dinheirinho suado valer utilizando-se dos passes de transporte locais,** que costumam representar grande economia se comparados aos bilhetes avulsos. Em Lisboa, o passe ilimitado de 24 horas de transporte público custa menos de quatro euros. Em Londres, há passes especiais para circular à vontade dentro das zonas preestabelecidas, para um, três ou sete dias. Em Amsterdã, Roma e Berlim, também. Em Paris, o maior benefício é o da Carte Orange, que permite livre deslocamento pela cidade durante uma semana (de segunda a segunda); o *carnet*, com dez viagens de metrô, também é interessante financeiramente.

✔ **No verão, utilize-se das bicicletas, que viraram febre no Canadá e em diversos destinos europeus** – com preço baixo (ou até zero, se você der muita sorte!) e ótimo sistema logístico para retirada e entrega da magrela, você certamente terá outro visual da cidade (sem contar que os *sites* de empresas especializadas nesse tipo de serviço, como a Vélib', a Vélo'v e a Bicing, também possuem informações essenciais para qualquer turista).

> Mesmo em destinos onde o táxi é barato – como Buenos Aires –, lembre-se de que caminhar é uma delícia, nos faz conhecer melhor a cidade e ainda faz bem para o corpo.

Diversão gratuita

Pesquisando previamente informações sobre o país ou a cidade que pretende visitar, você consegue saber o que estará acontecendo no local no exato período em que estiver por lá e, em muitos casos, consegue reservar antecipadamente, via internet, seu ingresso para festivais de música, touradas, partidas de futebol, óperas etc.

Mas o melhor mesmo, em termos de diversão e entretenimento para sua viagem, é que, planejando direitinho, é possível curtir algumas das melhores atrações pagas do destino por preços especiais, ou até de graça.

Veja estes exemplos:

Madri

☺ Museo Nacional del Prado: grátis de terça a sábado, após as 18h, e aos domingos, após as 17h

☺ Museo Nacional Reina Sofía: grátis aos sábados, a partir das 14h30, e aos domingos, das 10 às 14h30

Barcelona

☺ Museo Picasso: grátis no primeiro domingo de cada mês

Sevilha (Espanha)

☺ Catedral e Torre La Giralda: grátis aos domingos

Lisboa

☺ Mosteiro dos Jerónimos: grátis aos domingos e feriados, até as 14h

Sintra (Portugal)

☺ Palácio Nacional: grátis aos domingos e feriados, até as 14h

Roma

☺ Musei Vaticani: grátis no último domingo do mês

Paris

☺ Musée du Louvre: grátis no primeiro domingo do mês e mais barato às quartas e sextas, depois das 18h

☺ Centre Georges Pompidou: grátis no primeiro domingo do mês

Washington

☺ Smithsonian Museums: grátis todos os dias

Londres

☺ National Gallery, British Museum, Tate Modern, Tate Gallery, Natural History Museum: grátis todos os dias

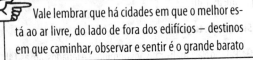

Vale lembrar que há cidades em que o melhor está ao ar livre, do lado de fora dos edifícios — destinos em que caminhar, observar e sentir é o grande barato

da viagem. Hospedagem em Veneza, por exemplo, é cara, mas conhecer a cidade e se deslumbrar com a beleza única dos canais é grátis (excluindo-se o *vaporetto*, é claro...). Assim como se perder pelas ruelas da Cidade Velha, em Praga, ou de Buda, em Budapeste, também não custa nada.

Economia sim, mesquinharia não

Apesar da expansão do mercado de turismo de luxo, qualquer viajante sabe que economizar, não interessa em que padrão de gastos, é importante, até para que seja possível viajar constantemente. Mas viagem é sinônimo de férias, prazer, diversão, e não de sofrimento. Quem quer economizar viajando deve pensar sempre na relação custo-benefício, e não necessariamente nas tarifas mais baratas, já que preços exageradamente baixos podem levar a roubadas e fazer você perder o sossego em seus tão sonhados dias de férias.

✔ **Dormir no trem, por exemplo, pode significar uma noite a menos de hotel,** mas também uma bela dor nas costas e uma noite maldormida, pois você vai ficar preocupado em observar o tempo todo se seus pertences estão seguros de larápios – ou olhar desconfiado para seu companheiro de cabine, já que o seguro morreu de velho. Fazer coisas desse tipo de vez em quando, apesar de não ser indicado, não tem problema, mas fazer disso um hábito numa viagem é uma tremenda roubada, já que as noites maldormidas vão resultar, certamente, em dias sem disposição.

✔ **Se o táxi do aeroporto ao hotel for caro** para você e sua bagagem for grande ou muito pesada, verifique pelo menos opções de trem direto à estação central ou *shuttle bus* até o centro da cidade, que costumam ser econômicos. Um táxi de lá até o hotel certamente vai sair baratinho. Ou, em último caso, abuse do metrô na chegada, quando a mala ainda está levinha, e guarde dinheiro para o táxi da volta, quando estiver sobrecarregado de bagagem – afinal, toda bagagem acaba voltando mais pesada para casa, não é mesmo?

✓ **Comida é mesmo uma coisa cara para brasileiros em muitos destinos.** Mas ficar se entupindo de *fast-food* na viagem é perder metade da graça, já que a gastronomia também revela aspectos culturais importantíssimos de um país, cidade ou região. Isso não quer dizer que você *tenha* que gastar seu dinheirinho nos restaurantes mais renomados do destino. Cada um decide onde fazer extravagâncias na viagem, claro. Só que existem inúmeras outras opções para comer apreciando os sabores locais. Comida de rua é uma opção, embora também não deva virar regra no passeio; são sempre pratos típicos a preços baixos. Mas, é claro, só coma nos locais onde houver fila – não vá arriscar sua saúde na viagem por pão-durismo. Supermercados também são uma maravilha: os preços são baixos, você pode ver de perto o que os moradores realmente comem no dia a dia e experimentar uma coisa de cada vez, sem detonar seu orçamento – dá para cozinhar em casa, se tiver alugado um apartamento, ou fazer um delicioso piquenique num parque, por exemplo, com as compras feitas. E, por fim, aposte nos restaurantes com menu fixo, disponível geralmente no almoço – você pode fazer sua refeição prazerosamente, com boa comida, num ambiente agradável, com calma, e pagar pouco no final. São muitos os destinos que oferecem menus com opções de entrada, prato principal e sobremesa por preços entre dez e quinze euros – e muitos ainda incluem uma bebida. Só não caia na roubada de comer onde estiver cheio de turistas. Para provar de fato a culinária de uma cidade ou país, e gastando pouco, procure os lugares aonde os moradores vão.

✔ **Andar é uma delícia, e a melhor forma de conhecer qualquer destino civilizado.** Mas muito cuidado à noite! Se você gosta de voltar das baladas na alta madrugada e o local onde você está não tem transporte público nesse horário, evite andar longas distâncias a pé, ainda mais se estiver sozinho. Por mais seguro que seja o local, turistas andando em locais desertos, altas horas, são um convite a assaltos. Seja esperto. Se seu orçamento for muito apertado, volte mais cedo ou economize durante o dia para poder tomar um táxi na volta do passeio noturno.

Pequenos prazeres, grandes lembranças

Se você é do tipo que economiza *mesmo* em suas andanças pelo mundo, isso não quer dizer que sua viagem tenha que ser um perrengue sem fim, com refeições feitas andando a caminho das atrações e infinitas bolhas nos pés para não gastar com transporte. Começar e terminar bem a viagem contribui para que ela flua de maneira mais organizada e deixe o máximo possível de boas lembranças – sem que isso mine seu orçamento apertado.

✓ **Se seu voo vai chegar muito cedo ao destino final,** você pode reservar o quarto do hotel a partir da noite anterior, para que possa se instalar assim que cruzar as portas do estabelecimento, tomando um bom banho para se recompor (lembre-se de que, na Europa, no Canadá e nos Estados Unidos, as diárias em geral começam às quinze horas).

✔ **Se o trajeto em transporte público até o hotel for muito complexo** (cheio de baldeações, por exemplo) e cansativo, não comprometa o aproveitamento dos primeiros dias da viagem por esse estresse – invista um pouco mais num transporte do tipo *shuttle* ou até mesmo num táxi e tenha a garantia de chegar ao hotel com mais disposição e menos irritação, prontinho para começar o passeio.

✔ **Se seu orçamento só permite se hospedar num hotelzinho honesto,** mas você sonha com os salões do Ritz, por que não tomar um chá da tarde ou um *brunch* no hotel de seus sonhos e sentir toda a atmosfera do local? Tomar um chá da tarde ou *brunch* em hotelzões como o Alvear Palace, em Buenos Aires, ou o Crillon, em Paris, são excelentes formas de aproveitar a boa gastronomia em um ambiente refinado por valores muito mais acessíveis. Um drinque no bar mais charmoso de um hotel estrelado também vale pela experiência.

Upgrades quase de graça

Mesmo a vida de um viajante extremamente econômico pode ser beneficiada com pequenos *upgrades* ao longo dos passeios – não só os pequenos (ou grandes) luxos que você pode se dar uma vez na vida, outra na morte, mas aquelas coisinhas a mais que custam pouco ou nada (se você tiver muita sorte!) e fazem toda a diferença no saldo final da viagem.

✔ **Salas *vip*:** existe forma mais bacana de começar e terminar sua viagem? Se você faz parte do time dos viajantes que ainda não tem dinheiro para bancar uma passagem na classe executiva ou na primeira classe, pode fazer parte do confortável universo das salas *vip* dos aeroportos internacionais por meio de seu cartão de crédito – sem pagar absolutamente nada a mais por isso. Algumas operadoras de cartão de crédito possuem salas *vip* próprias ou em conjunto com uma companhia aérea, para usufruto de seus clientes. Verifique com o gerente de seu banco que bandeira de cartão lhe dá direito ao uso de salas *vip* em aeroportos nacionais e internacionais. Em diversas cidades do Brasil e nas principais capitais do mundo, há salas *vip* que recebem viajantes entre um voo e outro, com poltronas confortáveis, internet *wi-fi*, banheiros completos (com possibilidade de tomar um bom banho quente), *amenities*, telefones para ligações locais gratuitas, revistas e jornais, petiscos, bebidas e até refeições completas, em casos mais extremos. Nada mais desestressante que esperar o próximo voo com conforto.

✓ **Overbooking:** se tiver tempo sobrando ao retornar das férias, avise ao funcionário do guichê de *check-in* que você está disponível para ficar em casos de *overbooking*. Confirmando-se o excesso de passageiros em seu voo, você pode ser contemplado com mais um ou dois dias no destino, com hotel pago e verba extra para os gastos com alimentação e transporte no período – há companhias em que essa verba ultrapassa duzentos dólares por dia, por pessoa. Em casos extremos, tem até companhia aérea que presenteia o passageiro "obrigado" a permanecer no destino com um *ticket* aéreo gratuito, a ser usado em outra viagem.

✓ **Upgrade de classe:** perguntar não custa nada. Sendo sempre educado e gentil, você pode dar a sorte de viajar com o conforto de uma classe superior sem pagar nada a mais por isso, se der *overbooking* em sua classe no avião e houver assentos disponíveis na classe superior. Em tempo: passageiros com *jeans* surrados, calças cargo, tênis velhos etc. não costumam ser vistos com bons olhos na hora do *free upgrade*.

✔ **Upgrade de apartamento:** arrisque sempre a pergunta, de maneira simpática, logo ao chegar ao hotel. Vale dizer que é aniversário de alguém ou aniversário de casamento. A menos que você já esteja hospedado na suíte presidencial, a probabilidade de ser beneficiado com um apartamento de categoria superior é grande, especialmente durante os meses de baixa temporada. Em bons hotéis, se a "comemoração" em questão já tiver sido mencionada no ato da reserva, você provavelmente será surpreendido pelo menos com uma cesta de frutas, chocolates ou espumante no quarto.

✔ **Programas de fidelidade hoteleira:** se você se hospeda com frequência em uma rede hoteleira específica, deve fazer o cartão de fidelidade do grupo para usufruir de seus benefícios. Alguns programas cobram uma pequena taxa anual, como o AClub, do grupo Accor; outros não cobram nada pela participação, como é o caso do Gold Passport, do grupo Hyatt. Com o cartão de fidelidade hoteleira, você consegue transformar os gastos com as diárias e o consumo no período em pontos, que podem ser convertidos em *upgrades* de apartamento, diárias grátis na baixa temporada e até mesmo milhas em programas aéreos de fidelidade.

✔ **Benefícios em restaurantes:** nunca deixe de avisar se estiver celebrando alguma data especial, principalmente nos melhores estabelecimentos. Aniversariantes, por exemplo, podem ganhar a sobremesa; casais em lua de mel, duas taças de champanhe. Alguns restaurantes de hotéis concedem descontos e drinques de boas-vindas para seus hóspedes. Não custa perguntar.

✔ **Milhas aéreas:** faça as contas e veja como é interessante transformar em milhas de programas de fidelidade aérea seus pontos acumulados no cartão de crédito. Com dez mil pontos no cartão (que equivalem à mesma quantidade de pontos ou milhas no programa de fidelidade), você já ganha um trecho aéreo dentro do Brasil ou na América do Sul; com vinte mil, ganha ida e volta; a partir de quarenta mil, passagens para outros continentes. Financeiramente é mesmo mais interessante transformar seus pontos em milhas aéreas do que em assinaturas de revistas ou vale-compras em supermercados. Os pontos também podem virar *upgrades* de classe em passagens compradas (da econômica para a executiva ou desta para a primeira classe). E, é claro, faça os cartões de fidelidade das companhias aéreas com as quais está acostumado a viajar, para que suas passagens-prêmio cheguem cada vez mais cedo. Ficar sempre de olho nas promoções na internet é fundamental: tem muita companhia aérea liberando voos com menos de dez mil milhas/pontos durante a baixa temporada.

Transporte é um item fundamental em qualquer viagem – sem ele você não chega aonde quer e ponto final. Não estou falando aqui só do transporte até o destino principal, mas também do processo de escolha do melhor meio de locomoção entre os destinos visitados e dentro das cidades que você vai conhecer.

O transporte ideal é aquele que representa a intersecção perfeita entre tempo, dinheiro e conforto – e essa medida varia imensamente de destino a destino e de viajante a viajante, sofrendo também interferência de fatores como as estações do ano. Por isso, vale a pena pesquisar bastante – e antecipadamente – as melhores opções de transporte em cada destino que você pretende conhecer.

Acompanhe o raciocínio:

✓ **Avião é melhor quando você se decidiu por uma grande viagem,** que vai atravessar um oceano ou um continente inteiro ou fazer trajetos muito longos, que inviabilizam o transporte terrestre. Para distâncias muito grandes, o avião costuma ser a melhor opção, sobretudo pela questão tempo-benefício – até mesmo quando não é, necessariamente, a mais em conta. Mas as companhias aéreas *low-cost* estão cada vez mais disseminadas, em tudo quanto é canto. Ainda assim, aqueles que vão percorrer diferentes trechos na mesma viagem têm como melhor opção incluir os

trechos internos na própria passagem intercontinental desde o
Brasil. Com certeza seu agente de viagens vai
encontrar boas tarifas com a mesma companhia
aérea que vai levar você desde o Brasil ou com
alguma companhia parceira, da mesma aliança
– em muitos casos, esses trechos internos saem
quase de graça. Para garantir, antes de emitir sua
passagem, comece sempre sua pesquisa pelos *sites*
Skyscanner ou Kayak. Ambos são ferramentas
completíssimas, que listam todas as companhias
que fazem o trecho pretendido, com horários e
preços, sempre da mais barata para a mais cara
– perfeito para encontrar pechinchas. Na hora
de reservar seu voo, considere também as diferenças entre as classes dentro do avião: econômica (a mais barata e com serviço mais simples,
sem grandes luxos), executiva ou *business* (que
em geral custa o triplo da econômica, tem re-

feições melhores e mais conforto) e primeira ou *first* (que costuma ter preços equivalentes a dez vezes o da passagem econômica e prevê luxo no atendimento, na alimentação – incluindo em muitos casos caviar e champanhe – e muito conforto, com poltronas totalmente reclináveis).

✔ **Trem é melhor quando as viagens têm distâncias curtas e você procura um meio prático de atravessar as cidades.** Diferentemente das opções aéreas (sobretudo nas companhias *low-cost*, que costumam operar em aeroportos bem afastados do centro das grandes capitais), viajando de trem você sempre parte e chega pelo centro da cidade, com a vantagem extra de não ter que se preocupar com franquia de bagagem nem com deslocamentos em esteiras, raios X ou possíveis atrasos no voo e nas conexões. E ninguém precisa se apresentar com duas ou três horas de antecedência numa viagem de trem – você pode chegar quinze minutos antes e embarcar numa boa. Mas uma viagem longa de trem pode se tornar um martírio, especialmente se for noturna – a não ser que você seja um ás na arte de dormir em veículos em movimento, esse tipo de viagem é praticamente uma receita para chegar ao próximo destino exausto e com dor nas costas e no pescoço.

✔ **Carro é melhor quando seu estilo é descompromissado e você quer ter a liberdade de fazer muitas paradas ou mudar o itinerário quando bem entender.** Hoje, com o advento dos aparelhos de GPS, que possibilitam até ao mais desorientado dos mortais chegar facilmente ao destino programado, viajar de carro em estradas nunca dantes rodadas ficou prático e acessível. Ainda assim, alugar um carro, especialmente se quiser retirar num país e devolver em outro, pode sair bem caro. Além disso, o carro só é útil para se locomover *entre* as cidades, nunca *dentro* delas. Nas grandes cidades, especialmente nas capitais, o trânsito costuma ser tão caótico quanto nas grandes cidades brasileiras (ou até pior), e arrumar um local para estacionar pode se converter num verdadeiro inferno. A alternativa de alugar um carro é válida para quem quer, por exemplo, explorar o interior de Portugal, mas jamais para quem vai desbravar os quatro cantos de Lisboa. Veja, na página 107, cuidados que devem ser tomados na hora de alugar um carro em outro país.

✔ **Ônibus é melhor quando você quer definitivamente economizar,** já que é, sem dúvida, o meio de transporte mais barato em quase todos os países, até no continente europeu. O grande inconveniente é a falta de conforto em alguns casos: há muitos veículos bastante antigos, sem poltronas reclináveis, e as paradas são em geral sofríveis. A principal empresa de ônibus da Europa, a Euro-lines, oferece opções em conta para atravessar o continente, com preços até 70% mais baixos que os de trem. Nos Estados Unidos, viajar de ônibus de Washington a Nova York, por exemplo, é barato, seguro e extremamente pontual (vinte dólares do Congresso até a Penn Station, em quatro horas exatas). Fique de olho, pois muitas empresas rodoviárias oferecem passes de viagem muito mais econômicos que passes de trem.

✓ **Passes de trem só valem a pena para quem vai percorrer grandes distâncias** (atravessar vários países, por exemplo), para quem tem menos de 26 anos ou mais de 65 ou para quem está viajando acompanhado (nesse caso da idade e no de quem não está sozinho, os passes saem mais baratos). É preciso pagar uma taxa para emitir já do Brasil a maioria dos passes de trem, e novas taxas caso você queira fazer reserva para determinado dia e horário, para não arriscar uma viagem de horas em pé. Antes de se decidir, pesquise (com a ajuda de seu agente de viagens) todas as opções que podem caber em seu roteiro: um Eurail para quem pretende cruzar o continente europeu, um France&Italy para quem vai viajar só por esses dois países, e assim por diante. Para quem ainda não decidiu todo o itinerário e vai simplesmente "mochilar", as passagens aéreas das companhias *low-cost* valem mais a pena.

✓ **Cruzeiros podem ser maneiras interessantes de cruzar oceanos e rios,** mas somente se isso fizer parte do *seu* perfil. Um cruzeiro é um *resort* ambulante, geralmente com boa comida, boas instalações e entretenimento de qualidade. Se essa for sua praia, ótimo, porque a relação custo-benefício costuma ser interessante. Mas se seu interesse estiver nos destinos e não no trajeto, esqueça – as paradas costumam durar oito horas em média, tempo em geral insuficiente para conhecer de verdade o local. Se você quer usar embarcações apenas como meio de transporte, lembre-se sempre de checar se essa é de fato a melhor opção para o *seu* caso. Por exemplo: para ir de Atenas a Mikonos, a via marítima é ótima; mas, para ir da capital grega à ilha de Creta, será uma viagem sem fim pelo mar – e apenas quarenta minutos de avião. Vale também ficar de olho nas travessias oceânicas: os cruzeiros que vão do Brasil à Europa em abril/maio e fazem o trajeto inverso em outubro/novembro costumam ter ofertas impressionantemente em conta, muitas com o segundo passageiro grátis. Por praticamente o preço de uma passagem aérea ida e volta para o Velho Continente, você tem direito a duas semanas de pensão completa, entretenimento e paradas em todas as escalas do roteiro. Para quem curte navegar, é sempre uma opção a considerar.

✓ **Transporte urbano também é um item fundamental em qualquer viagem.** Quase todos os destinos turísticos possuem um sistema público de transporte, que funciona muito bem – e normalmente existem passes diários, semanais, mensais ou em carnê, para quem quer economizar. Pesquise sempre, no *site* oficial de turismo do destino para o qual está viajando, qual é a melhor opção para você, de acordo com seus planos e seu tempo de estadia. Em Paris, por exemplo, quem fica pouco tempo, e não pretende usar o transporte público várias vezes ao dia, faz bem em comprar os *carnets*, que são cupons com passes para dez viagens, com desconto significativo sobre o preço individual dos bilhetes; já quem fica mais de cinco dias deve comprar a Carte Orange, que permite viagens ilimitadas pela cidade por sete dias, por um valor menor que o de dois *carnets*. Estudar o sistema de transporte público (sobretudo o metrô) antes de sair para a rua também é imprescindível e evita tomar a direção errada, ou ficar dando bandeira com o mapa aberto numa esquina.

Alugando um carro

Aluguel de carro requer atenção para os detalhes do contrato de locação – o aluguel do veículo em si vem acompanhado de vários outros serviços. Como muitos deles são opcionais, quanto menos recursos você solicitar ou aceitar, mais baixa será, teoricamente, a tarifa final – sim, porque muitas vezes há promoções bem interessantes. Existem tipos diferentes de proteção e seguro, opção de ter ou não GPS e condutor extra, além de contrato com quilometragem livre (mais vantajoso para quem vai andar mais de cem quilômetros por dia) ou controlada. Importante destacar também que a taxa de retorno para carros retirados numa cidade e devolvidos em outra costuma ser cobrada por quilômetro rodado. Muitas empresas exigem que o condutor esteja habilitado há mais de dois anos e tenha mais de 21 anos. Antes de escolher o veículo, preste atenção no seguinte:

✔ **Defina que tipo de carro você precisa** levando em consideração a quantidade de pessoas envolvidas na viagem, a quantidade de bagagem que você vai levar, a época do ano e o local.

✔ **Não elimine de cara os modelos mais luxuosos** — muitas locadoras fazem promoções interessantes para os veículos *top* de linha não ficarem muito tempo encostados no pátio.

✔ **Atente também para a quilometragem que você precisa:** se vai rodar pouco, prefira a quilometragem predefinida, que sai mais barata; se vai rodar muito, escolha a livre, pois a diferença de preço vai compensar pela distância percorrida. A definição de "rodar muito" depende do país, mas geralmente são distâncias acima de cem quilômetros. E, quanto maior o período contratado, menor o valor da diária.

✓ **Se os passageiros que estarão com você no carro já têm seguro-viagem,** não há por que incluir mais essa taxa no valor final da locação. O seguro contra roubo também pode ser excluído da conta final, caso você tenha optado por um modelo com alarme (que muitas vezes é a única opção disponível na locadora). Mas os seguros contra danos no veículo e a terceiros devem ser contratados sempre, para evitar prejuízos e estresse desnecessários durante o passeio. Muitos cartões de crédito oferecem gratuitamente esses seguros, caso o aluguel do veículo seja pago com ele.

✔ **Verifique também, numa agência de viagens, a existência de pacotes** *fly & drive* (com a parte aérea mais locação de veículo por uma semana) para seu destino – a economia costuma compensar.

> ☞ Não esqueça de verificar, antes de sair da locadora, o funcionamento correto de faróis, lanternas, pisca-piscas, freio e embreagem. Confira também a existência de estepe, ferramentas, correntes para neve, quando for o caso etc.

✔ **Quem alugar carro automático e não estiver acostumado com esse sistema** deve redobrar a atenção ao dirigir, assim como aqueles que estiverem em países onde a direção fica do lado direito do carro e a circulação se dá pela faixa esquerda da via, como o Reino Unido.

✔ **Ao devolver o carro, em qualquer país, não esqueça de abastecê-lo** – o valor cobrado por litro de combustível pelas empresas do setor, em caso de devolução com tanque vazio, pode chegar ao dobro do praticado nos postos do local.

✔ **Quem pretende dirigir no exterior deve emitir a Carteira Internacional de Habilitação,** já que não são todos os países que permitem que o motorista dirija com a habilitação brasileira. Você pode até dar sorte dirigindo sem a habilitação internacional, mas, se for parado pela polícia rodoviária sem o documento, as multas são salgadas, e o transtorno pode comprometer seriamente toda a sua viagem. Para emiti-la, deve-se fazer a solicitação diretamente ao Detran de seu estado, já que a taxa de emissão varia de um local para outro.

Lembre-se de que, dependendo da época do ano, você pode acabar dirigindo na neve, quando cuidados extras (como o uso de correntes nos pneus) são exigidos e rotas de fuga alternativas podem se tornar necessárias.

✔ **E, óbvio, antes de se aventurar por estradas desconhecidas,** tenha à mão um bom mapa da região e mantenha-o sempre com você, para onde for. Estude o mapa sempre *antes* de dar partida no carro, para saber exatamente o trajeto que deverá fazer.

Enfrentando o jet lag

Jet lag é um termo em inglês usado para descrever a defasagem entre o relógio biológico e o horário do local para o qual viajamos, que ocorre quando há mudança de fuso horário. Quando viajamos para locais com fusos horários significativamente diferentes, ou mesmo quando simplesmente não conseguimos dormir durante a noite num voo de longa distância, geralmente temos, nos dias subsequentes, uma sensação constante de cansaço e sono, com dificuldade para dormir, dores de cabeça, irritabilidade e até problemas digestivos.

Infelizmente, cerca de 90% dos passageiros de voos de longa duração sentem os sintomas do *jet lag*, em especial sonolência e irritabilidade. Muitos deles sentem, durante o próprio voo, dormência nos pés e em outras extremidades do corpo, por causa da baixa pressão atmosférica a bordo e da circulação deficiente do sangue nesses membros, devido aos longos períodos sem movimentação do corpo – o que acaba intensificando ainda mais os sintomas do *jet lag* nos primeiros dias da viagem.

☞ Vale lembrar que, quando se viaja de oeste para leste, os fusos horários dificultam ainda mais o despertar pela manhã e a conciliação do sono à noite, piorando, portanto, os efeitos dessa espécie de síndrome – que também pode ser agravada por mudanças bruscas no clima ou pela simples umidade excessiva no avião, usada muitas vezes pelas companhias aéreas para amenizar a secura característica do ar dentro da aeronave.

✔ **Para evitar ao máximo o prolongamento desses sintomas durante a viagem e após o retorno,** é preciso tomar alguns cuidados antes de partir, como dormir bem e praticar exercícios físicos, para acostumar seu corpo à nova rotina – mesmo que sejam simples caminhadas na semana anterior ao voo.

✔ **Tomar os medicamentos necessários** – com receita médica, é claro – para curar resfriados e crises alérgicas também é importante para garantir seu bom estado de saúde diante das mudanças climáticas que geralmente acontecem em viagens longas.

✔ **Durante a viagem, é preciso ingerir líquidos constantemente,** de preferência não alcoólicos (água é, sem dúvida, sempre a melhor opção). Também é recomendável diminuir consideravelmente o consumo de bebidas excitantes, como café, chá preto e refrigerantes à base de cola.

✔ **Para que a digestão mais lenta não atrapalhe o sono durante o período da viagem,** evite, tanto imediatamente antes quanto durante o voo, o consumo de carnes com muita gordura, frituras ou molhos em excesso. Repare que, durante o voo, as refeições geralmente são servidas nos mesmos horários em que o passageiro as fará no destino da viagem, para que o corpo vá lentamente se acostumando às modificações de fuso.

✓ **É importante notar que crianças também sofrem com o *jet lag*** – exceto aquelas com menos de 3 anos, porque sua capacidade de adaptação a novas rotinas e ambientes é maior. Pessoas com facilidade para adormecer em qualquer ambiente ou que costumam fazer as refeições de forma bastante desregrada também sofrem menos os efeitos desse "desajuste".

✓ **Medicamentos para dormir durante o voo, ao contrário do que se pensa,** podem contribuir para o agravamento dos sintomas após a chegada ao destino final, causando ainda mais letargia.

👉 Não se estresse se, durante os primeiros dias de viagem, você ainda estiver meio "grogue". Estudos da

Nasa calculam que, para que o relógio biológico se recupere plenamente, é necessário cerca de um dia inteiro para cada fuso horário cruzado na viagem.

✔ **Durante voos muito longos, não se esqueça de se levantar pelo menos a cada três horas,** para ir ao banheiro ou simplesmente caminhar pelo corredor, movimentando coxas, panturrilhas e tornozelos. Vá até o fundo da aeronave buscar um copo de água ou suco, por exemplo, e se espreguice pelo caminho.

✔ **Fazer exercícios sentado na poltrona também é eficiente para manter a circulação em pleno funcionamento e evitar a formação de coágulos sanguíneos.** Todos os assentos possuem um prospecto que indica os exercícios mais eficientes para fazer durante o voo, como movimentar os calcanhares para os dois lados, comprimir e esticar as pernas seguidas vezes e massagear as panturrilhas. Não tenha preguiça e execute corretamente os movimentos, para garantir o máximo aproveitamento de seus dias de férias e um retorno tranquilo para o trabalho.

Enfrentando o medo de avião

Grande parte das pessoas, no mundo todo, tem medo de voar – e os acidentes aéreos costumam ser terrivelmente trágicos e impactantes, o que amplia ainda mais a intensidade desses temores. Mas estatísticas comprovam que somente uma pessoa em um milhão morre de acidente aéreo – o que eliminaria a fundamentação do medo de muita gente. Ainda assim, passageiros "novatos", e até gente que viaja com grande frequência, sofrem a cada voo que enfrentam.

Há dois tipos de medo de voar: o de acidente aéreo (da morte) e o de passar mal e não poder sair da aeronave. Sentir um friozinho na barriga na hora da decolagem ou do pouso é perfeitamente normal e comum a quase todos os passageiros. Mas há uma diferença significativa entre insegurança, medo de voar e fobia de voos.

Existem passageiros que passam mal de verdade (náuseas, tonturas, suores, tremores, queda de pressão), e há casos em que o medo é tão intenso que a pessoa simplesmente deixa de voar – ou tira o sossego de quem viaja ao lado dela. A fobia de quem sofre de pânico de avião pode até paralisar a pessoa – e atrapalhar definitivamente a viagem.

Mas os casos mais comuns e brandos do medo de voar são considerados naturais, já que o homem está acostumado a andar com os pés no chão, e a ideia de voar incomoda, mesmo que inconscientemente. Quando o passageiro está desestabilizado emocionalmente, atravessando uma crise pessoal ou amorosa, essas sensações se intensificam, e conversar com um psicólogo ou terapeuta antes da viagem pode amenizar os sintomas.

De qualquer maneira, seguem aqui algumas dicas para quem tem medo de voar, mas elege as viagens como prioridade de vida:

✔ **Antes do voo,** evite ficar pensando nos inconvenientes do trajeto e concentre-se no prazer que você vai sentir ao chegar ao destino e aproveitar cada instante da viagem.

✔ **Se você tiver dificuldade para dormir no voo,** procure relaxar bastante nos dias anteriores à viagem, praticando o controle da respiração até adormecer. Procure repetir esse ritual dentro do avião, para facilitar a chegada do sono.

✔ **Respeite as horas de antecedência sugeridas para chegar ao aeroporto.** Chegando cedo a ansiedade diminui, já que é possível fazer tudo com a máxima calma. Tome um café, circule pelas lojas e livrarias, converse com outros passageiros – distraia-se.

✔ **Leve revistas e livros para ajudar a passar o tempo durante o voo,** caso o sistema de entretenimento da companhia aérea não seja eficiente.

✔ **Dentro do avião,** procure observar a tranquilidade e a descontração das pessoas ao seu redor, para diminuir sua ansiedade.

✔ **Evite se concentrar nos sons e nas trepidações do avião;** cada aeronave emite sons diferentes, e todo voo está sujeito a enfrentar turbulências e mudanças de correntes de ar. Foque a atenção na leitura, na conversa com o vizinho ou no filme que estiver passando.

✔ **Periodicamente, faça respirações profundas,** relaxe os ombros e circule um pouquinho pelos corredores, para ativar a circulação e prolongar a sensação de relaxamento.

✔ **Faça as refeições que forem servidas durante a viagem.**
O momento da refeição costuma distrair e acalmar. Mas maneire no consumo de bebidas alcoólicas – lembre-se de que, por causa da baixa pressão na aeronave, cada dose de álcool no ar equivale a três doses consumidas em terra. E o excesso de álcool pode agravar os sintomas do medo para algumas pessoas, além de piorar o *jet lag*.

Enfrentando o mar num cruzeiro

O número de pessoas que sentem medo de viajar de navio é, curiosamente, muito pequeno em relação às que têm fobia de voar. Como o entretenimento nos navios é intenso, quem inicialmente sentiu medo esquece rápido e se distrai. A maioria das pessoas que viaja de navio teme mesmo passar mal, com tonturas e enjoos, ao longo do cruzeiro.

São raros os passageiros que de fato passam mal durante viagens marítimas. Mas, se você é do tipo que enjoa quando desce a serra, a probabilidade de se sentir mareado num cruzeiro é grande – o que não deve impedi-lo de aproveitar ao máximo sua viagem.

Para evitar o mal-estar comum a muitas pessoas em alto-mar, seguem algumas dicas práticas:

✔ **Comece pela escolha da cabine.** Procure eleger uma que esteja num dos primeiros deques e no centro do navio. Quanto mais baixa e mais central for a cabine, menor o incômodo causado pelo "balanço" da embarcação.

✔ **Coma corretamente.** Já reparou que navios oferecem inúmeras refeições? É proposital. Ao contrário do que muita gente pensa, com o estômago cheio, o risco de sentir náuseas é muito menor. E é importante comer também carboidratos, não apenas frutas e proteínas. Mas é óbvio que exageros nas refeições não devem ser cometidos, sob pena de um mal-estar estomacal.

✓ **Mantenha-se hidratado,** mas evite o consumo excessivo de líquidos, especialmente bebidas alcoólicas.

✓ **Pratique exercícios, mas não exagere.** Normalmente, a academia do navio fica no último deque, que é o que mais balança, o que pode acentuar o enjoo e, sobretudo, a tontura.

✓ **Não exagere nos medicamentos.** Se você costuma enjoar em viagens de barco, vale tomar um anti-histamínico antes de o navio zarpar. Mas tome somente com prescrição médica, já que anti-histamínicos são preventivos (e não curadores), e algumas pessoas podem sofrer efeitos colaterais desagradáveis, como sonolência em excesso, e perder o melhor da viagem.

✔ **Desça do navio nas paradas.** O corpo precisa, vez ou outra, de contato com a estabilidade do chão firme, para não se agravar a sensação de tontura constante ao término da viagem. Aproveite as escalas para conhecer ou rever os destinos visitados e caminhe bastante em terra para estabilizar seus labirintos.

✔ **Relaxe e aproveite!** Enquanto estiver a bordo, curta todos os momentos de *relax* e todas as atividades de entretenimento que lhe forem propostas. Dance, conheça pessoas diferentes, frequente todos os ambientes. Quanto mais atividades preencherem seu dia, menor a probabilidade de você se lembrar dos enjoos.

Sexta escala
ACOMODAÇÃO

A escolha da acomodação depende do estilo e do orçamento do viajante. Para quem quase não dispõe de verba para gastar com hospedagem, albergues são a solução; quem não abre mão do conforto, mas tem orçamento limitado, tem que batalhar por um hotel bom numa região interessante; quem faz questão de privacidade, mas acha as diárias dos hotéis muito salgadas, pode apostar no aluguel de um apartamento. E quem faz questão de se hospedar em hotéis luxuosos pode encontrar boas barganhas em *sites* de *private sales*.

O mais importante é a hospedagem se encaixar no perfil do viajante e, ao mesmo tempo, estar localizada numa região de fácil acesso em transporte público e tranquila em termos de segurança. Achar um hotel bem localizado e com o preço certo para você não é tarefa difícil: pesquise nos *sites* de busca do setor e peça que seu agente de viagens também pesquise, dentro de suas exigências, com as operadoras de turismo.

Lembre-se sempre desta máxima: Quanto antes reservar, melhores as tarifas.

Além dos tradicionais hotéis, considere também as seguintes possibilidades:

✔ **Albergues:** atualmente, pode-se dizer que nunca foi tão confortável "mochilar". Nos últimos anos, a maioria dos albergues passou por uma verdadeira repaginada no visual (sobretudo na Europa), incluindo em suas instalações internet *wi-fi*, biblioteca com guias de viagem e, em alguns casos, até telões para exibição de DVDs. Quartos para apenas uma ou duas pessoas também são encontrados com facilidade em quase todos os estabelecimentos, e café da manhã incluso na diária já não é raridade. Hoje, os mochileiros deixaram de ser simplesmente jovens sem dinheiro para se tornar um grupo imenso de viajantes ao redor do mundo, das mais variadas nacionalidades e faixas etárias, em busca de um turismo eficiente e barato – e, para isso, informação é a chave do negócio. Pesquise bastante e leia relatos de quem já se hospedou no local antes de reservar. Quem é afiliado à Hostelling International (HI) tem desconto de até 50% em albergues do mundo todo. E, se for ficar em quarto coletivo, nunca deixe sua mala sem cadeado nem seus pertences espalhados. Zele pela boa convivência com os outros hóspedes, mas não dê bobeira deixando sua mala aberta ou seus bens à vista.

✔ **Home exchange:** os programas de troca de casas finalmente estão ganhando força no Brasil – depois de já fazerem parte do cotidiano de viajantes europeus e norte-americanos há décadas. O pioneiro nesse setor foi o programa Hospitality Exchange, fundado em 1965, mas hoje são vários os programas que tornam possível a troca de imóveis nas férias, gratuitamente ou por meio do pagamento de uma taxa anual de inscrição, que fica em torno de cem a 150 dólares por usuário cadastrado. Os programas de troca de casas e apartamentos durante as férias estão todos disponíveis via internet e representam uma economia considerável ao viajante, com uma contra-partida: para usufruir do benefício no destino pretendido, você também tem que ceder sua residência ao dono do imóvel onde pretende passar as férias. Os brasileiros ainda são minoria nessa prática, mas quem experimenta garante que quer continuar viajando desse jeito. Grande parte das pessoas consegue agendar a troca simultânea dos imóveis, e as reclamações sobre "inquilinos" folgados são praticamente nulas na maioria dos programas disponíveis (veja lista completa no capítulo 13).

✔ **Aluguel de imóveis:** o aluguel de imóvel para temporada, tão utilizado pelos brasileiros nas férias de verão na praia, é cada vez mais comum também em viagens internacionais. Você tem o conforto de se sentir em casa e agir como se morasse na cidade, fazendo compras no supermercado ou na padaria ao lado, num bairro típico da cidade. Mas o aluguel só costuma compensar financeiramente para estadias superiores a cinco dias – ou para quem quer economizar em destinos de hotelaria excessivamente cara, como Nova York (enquanto uma semana de hotel três estrelas na Big Apple sai em torno de 1.500 dólares para duas pessoas, o aluguel de uma quitinete fica por volta de novecentos). Apartamentos, casas, *lofts* e quitinetes para alugar, em destinos do mundo inteiro, podem ser encontrados em *sites* específicos (um dos mais famosos é justamente o New York Habitat). Use um bom *site* de busca, como o Google, para encontrar as melhores empresas do ramo que atuem no destino para o qual você pretende ir. E planeje com antecedência – achar um bom imóvel para alugar em cima da hora é tão difícil quanto encontrar um bom hotel, ou até mais. Lembre-se de que o contrato precisa ser lido atentamente do começo ao fim, já que muitas empresas cobram taxas salgadas de serviço e, sobretudo, em caso de cancelamento. Há imóveis que exigem pagamento em dinheiro, não aceitam fumantes, crianças, menores de idade, animais, estudantes e até mesmo estrangeiros de uma nacionalidade específica. Pesquise bastante antes de fechar qualquer acordo.

Sétima escala
ALIMENTAÇÃO

Tem gente que acha que viajar também significa comer bem, e que isso quer dizer frequentar bons restaurantes o tempo todo. Alguns acham que comida não é tão importante num passeio e que, para conseguir aproveitar o destino ao máximo e visitar todas as atrações, devem-se trocar as refeições típicas por *fast-food*. Outros pensam que todo viajante tem que provar a comida típica do país, seja ela qual for, para conhecer melhor os aspectos culturais do lugar.

De modo geral, há um consenso entre a maioria dos viajantes de que as experiências gastronômicas fazem parte da cultura do país, e prová-las é importante para a impressão geral que o turista terá sobre o destino – seja comprando itens num supermercado, como os locais, comendo em barracas de rua ou em restaurantes.

Porém, na hora de zelar pela alimentação em terra estrangeira, é preciso buscar um equilíbrio: não dá para passar a viagem correndo como um louco atrás dos restaurantes indicados nos guias e acabar passando batido por atrações legais, só para dizer que provou isso ou aquilo, mas também não dá para comer no McDonald's todo santo dia, com a justificativa de que o real não vale tanto assim no destino visitado ou que você quer "ganhar tempo".

Comida de avião

Foi-se o tempo em que viajar de avião, mesmo na classe econômica, era sinônimo de comer bem, com direito a aperitivos, digestivos e tudo o mais. Hoje, usando inúmeras desculpas, as companhias aéreas cobram preços cada vez mais altos pelas passagens e economizam nas refeições e bebidas.

Bons tempos aqueles, antes das reviravoltas provocadas no setor pelo ataque terrorista de 2001, em que as companhias mimavam os passageiros na hora das refeições. Hoje em dia, a maioria delas nem passa a primeira rodada de bebida com amendoins, partindo direto para a bebida do jantar – e várias já cobram por bebidas alcoólicas em voos internacionais e até mesmo por lanchinhos e bebidas não alcoólicas em voos domésticos.

Mas, felizmente, algumas empresas aéreas ainda nos proveem algum conforto alimentar, especialmente nos voos de longa duração. Você pode conferir a gastronomia de bordo das companhias no *site* de cada uma delas, e pode também, pela internet, reservar pratos diferenciados (vegetariano, *kosher** etc.) antes de sua viagem, segundo suas necessidades e preferências. A comida é tão diferente de uma companhia para outra que tem até um *site*, o Airline Meals, que compara os pratos servidos durante os principais voos do mundo. Em tempo: mesmo que em seu voo as bebidas alcoólicas sejam gratuitas, não exagere – o consumo exagerado de álcool, além das consequências já conhecidas, aumenta os sintomas do *jet lag*.

---

* *Kosher* é o alimento que pode ser ingerido segundo as leis judaicas.

Comida típica

Provar pratos típicos faz parte da viagem, sim, nem que seja só para experimentar a culinária regional e poder dizer se gosta ou não. Imagine uma viagem à Argentina sem *alfajores* e *dulce de leche*, ao Uruguai sem a tradicional *parrillada*, à França sem *crème brûlée, crêpe* ou *steak au poivre*, à Itália sem *pizza* e massas, à Grécia sem *moussaka*, a Portugal sem bacalhau e vinho do Porto... Bebidas tradicionais do país também devem entrar na listinha de sabores a experimentar: sangria na Espanha, *ouzo* e café gelado na Grécia, *cappuccino* na Itália, vinhos franceses, portugueses e italianos, cervejas alemãs e tchecas, pisco no Peru e no Chile, entre outras delícias.

O importante é ter em mente que é perfeitamente possível ter experiências gastronômicas incríveis em viagens, sem ir à bancarrota. Você não precisa ir ao melhor restaurante de Roma para provar a melhor pizza da cidade – normalmente ela é servida aos pedaços, para comer com guardanapo, em bairros tradicionais, como Trastevere, por cerca de 1,50 euro. Refeições completas em Paris – com entrada, prato principal e sobremesa –, de qualidade bastante razoável, podem ser encontradas por preços entre dez e quinze euros, em restaurantes próximos à Sorbonne.

> Confira sempre as dicas de "achados" de outros viajantes, na internet e em publicações especializadas, e aproveite.

Comida de rua

Comer em barraquinhas de rua não é o hábito mais seguro de uma viagem. E há pessoas que têm mesmo o estômago mais sensível. Mas, para conhecer de verdade um destino e um povo, nada melhor que agir como os locais – e comer na rua faz parte do cotidiano de muitas nações. Desde os tradicionais e insípidos *hot dogs* de Nova York, passando pelo *fish'n'chips* de Londres, as *crêpes* em Paris e até os rolinhos de Bangkok, a comida de rua reflete bem o espírito da cidade e do país. Claro que não vale a pena arriscar: só coma onde tiver fila de gente do lugar – quem mora na cidade não vai comer duas vezes num local que o fez passar mal, certo? Algumas sugestões de boa *street food*:

✔ **Pancho (Calle Lavalle, Buenos Aires):** cachorro-quente com molhos e complementos dos mais diferentes, como repolho, mostarda marrom e cebola.

✓ **Crêpe (Marais ou Quartier Latin, Paris):** os melhores crepes do país são encontrados em simpáticas barraquinhas de rua, a partir de dois euros.

✓ **Chaat (Linking Road, Mumbai):** pimentão verde e *naan*, o famoso pão indiano, por menos de um dólar.

✓ **Nua prik thai nahm jim (Chatuchak Market, Bangkok):** espetinho de carne com pimenta-verde e pimenta-branca, por cerca de um dólar.

✓ **Char siew (Wellington Street, Hong Kong):** churrasco de carne de porco com alface e pepino, por cerca de um dólar.

✓ **Escabeche (Mercado Jamaica, Cidade do México):** os famosos legumes picantes em conserva geralmente acompanham *tacos* ou *empanadas*, por preços a partir de 4,50 dólares.

✔ *Frankfurter* **(Alexanderplatz, Berlim):** a deliciosa salsicha picante alemã custa desde um mísero euro na praça mais famosa da cidade.

✔ *Waffles* **(em toda parte, Bruxelas):** vendidos em quiosques simpáticos por toda a cidade, por preços a partir de 1,50 euro, cobertos com açúcar, chocolate ou morangos.

✔ *Gelato* **(em toda parte, Florença):** os melhores sorvetes do mundo estão pela cidade toda e custam desde 1,50 euros.

✔ *Picarone* **(Parque de la Muralla, Lima):** rosquinha de batata-doce e abóbora, acompanhada de calda doce, por menos de um dólar.

✔ *Gyros pita* **(bairros de Plaka e Psirri, Atenas):** deliciosos sanduíches com carne, iogurte e salada; é possível encontrá-los por toda parte, mas os melhores estão em Plaka, enormes, por preços a partir de dois euros.

Alta gastronomia

Para provar alta gastronomia autêntica – e não apenas restaurantes "da moda" – no destino visitado, é preciso pesquisar em guias especializados, como o *Michelin*, *blogs* e revistas de gastronomia. Utilize, mais uma vez, *sites* de busca para encontrar publicações especializadas em gastronomia no país para o qual você está indo (como o excelente Guia Óleo, de Buenos Aires). Nelas você vai encontrar os melhores estabelecimentos do destino para fazer uma refeição especial.

Vale lembrar que, nesses restaurantes estrelados – muitos deles dentro dos mais conceituados hotéis do mundo –, o *brunch* e o almoço são opções menos onerosas para o bolso do viajante do que o jantar, quando, além dos preços mais altos, as reservas são obrigatórias e devem ser feitas com a máxima antecedência.

Comida boa e barata

Na grande maioria dos destinos, existem opções para fazer refeições completas, com qualidade, gastando pouco. Espanha, França e República Tcheca, por exemplo, possuem diversos restaurantes que servem refeições completas (com entrada, prato principal, sobremesa e até bebida, em alguns casos) por dez ou doze euros. Essas refeições oferecem pratos típicos do país – como joelho de porco, *paella*, cordeiro, *steak au poivre*, *escargot*, sopa de cebola, *crème brûlée* etc. – acompanhados de vinho ou cerveja nacionais. Na França, você pode pedir água para acompanhar suas refeições sem nunca pagar por isso (diga *une carafe d'eau*). Na pausa para o cafezinho, lembre-se de que, dependendo de onde você se sentar no restaurante, ele terá um preço: no balcão, é sempre mais barato; no salão, mais caro; e, nas mesinhas do lado de fora, os preços chegam a ser abusivos em locais extremamente turísticos, como a Piazza San Marco, em Veneza.

Oitava escala
DIVERSÃO

Há um consenso de que viagem é lazer, e viajante nenhum deve abrir mão das opções de entretenimento do destino visitado. Afinal, além das tradicionais atrações turísticas, qualquer lugar pode oferecer atividades culturais interessantes. Sejam espetáculos teatrais, concertos, *shows* ou baladas, o que não falta são opções para você se divertir, em qualquer país visitado.

✔ **Se você viaja nos meses do verão europeu,** o alto preço que paga por passagens aéreas e hotéis é compensado pela vasta gama de entretenimento gratuito que essa época do ano oferece aos visitantes dos mais diversos países do continente. Antes de embarcar, confira a programação no *site* oficial de turismo do destino e anote as datas e atrações imperdíveis. Os festivais de verão no hemisfério norte são notórios exemplos de entretenimento de alto nível gratuito ou a baixo custo.

✓ **Para conferir o que rola no destino em que você está,** invista um dinheirinho (normalmente um euro) na revista *Time Out* local. Em Paris tente também a *Pariscope* e, em Londres, a *London Town*. Claro que a pesquisa na internet e as dicas de amigos que já estiveram lá valem, e muito. Mas as baladas e os espetáculos em cartaz mudam muito rápido, por isso essas revistinhas impressas são uma "mão na roda" para você se organizar e saber o que está acontecendo de melhor (às vezes até de graça) na cidade. Tendo essas informações antecipadamente, você consegue aproveitar numa boa o melhor da vida noturna da cidade.

✔ **Dicas locais sobre estilo de programação também são muito importantes** e podem ser facilmente encontradas em *blogs* de viagens, comunidades de viajantes e por meio de depoimentos de amigos que moram no local ou já viajaram para lá. Por exemplo: na Espanha, existem bares com sistema *barra libre*, em que você paga para entrar (geralmente cinco ou seis euros) e bebe à vontade das onze da noite às três da manhã; na Itália, muitos bares oferecem petiscos gratuitamente para quem compra drinques na hora do *happy hour* (das seis da tarde às oito ou nove da noite); na Inglaterra, os imperdíveis *pubs* fecham cedo, às onze da noite, e todos rumam para as boates; na República Tcheca, muitos bares têm mesas longas e coletivas; em Nova York, nenhuma casa noturna abre antes da meia-noite. Ter essas informações de antemão possibilita aproveitar melhor a vida noturna durante a viagem.

✔ **Quase toda grande cidade europeia e da América do Norte tem guichês da TKTS ou similares,** que vendem ingressos para bons espetáculos com descontos expressivos, geralmente de 40%, no caso de apresentações que vão ocorrer no mesmo dia da compra. É claro que os ingressos geralmente são para os assentos mais caros, mas a economia vale para quem resolve gastar de uma a duas horas na fila. Se demorar mais que isso, desista – você não tira férias para gastá-las em filas, certo?

✔ **Nos teatros do West End londrino,** você pode comprar ingressos antecipados para qualquer espetáculo, mas, se não fizer questão dos melhores lugares, encontra verdadeiras pechinchas uma hora antes do início da peça – como são lugares que sobraram, normalmente são vendidos com 50% de desconto.

✔ **Nos teatros da Broadway,** cujos ingressos mais baratos custam em torno de sessenta dólares, você tem a opção de adquirir, por vinte a 25 dólares, *standing tickets*. É isso mesmo que você está pensando: são lugares em que você fica *em pé*, e às vezes por mais de duas horas e meia. Mas eles ficam atrás da plateia *vip*, numa linha reta em direção ao palco, com visibilidade muito melhor que a dos assentos de sessenta dólares, que vira e mexe têm alguma barra ou pilar na frente.

✔ **Na Ópera de Berlim,** assentos de última hora custam a partir de sete euros. Na de Viena, os concorridíssimos ingressos para assistir ao concerto em pé começam a ser vendidos no dia do espetáculo, às quatro da tarde, e custam míseros dois euros.

azer sua trouxinha e sair por aí, para começar tudo de novo em outra parte do mundo, é uma decisão complexa, que exige reflexão, planejamento e preparo. Em contrapartida, é uma decisão que cada vez mais brasileiros tomam, sobretudo por períodos mais curtos, de até dois anos. Como envolve questões financeiras, emocionais, familiares, trabalhistas e até mesmo legais, precisa ser muito bem pensada.

Tem gente que é transferida para uma filial da empresa, tem gente que resolve fazer um MBA internacional ou um curso de aperfeiçoamento, mas também tem muita gente que simplesmente quer partir em busca de uma vida melhor, ou apenas diferente, ou de uma moeda mais forte. Seja qual for o motivo da sua mudança, ela deve envolver planejamento e precaução, de maneira ainda mais intensa e detalhada que qualquer outra viagem. E, sobretudo, deve acontecer sempre dentro das exigências da lei.

"Picar a mula"

Para aqueles que decidiram simplesmente que querem respirar novos ares, conhecer gente nova ou fugir de um amor malsucedido, muita calma nessa hora! Tomar um avião e começar do zero em outro país não é tarefa fácil. Além da saudade da família, dos amigos e do arroz com feijão, viver em outro país também tem suas mazelas, como procurar emprego e um teto, fazer supermercado, pagar impostos, ter rotina, sofrer preconceitos etc.

Cada país tem sua cultura, suas crenças, seus valores, suas tradições, e algumas delas podem não combinar com seu jeito de pensar ou com o estilo de vida que pretende seguir. Avalie bem tudo isso antes de escolher seu alvo no mapa-múndi.

✔ **Não adianta mudar para qualquer lugar,** simplesmente para sair correndo do Brasil. Escolha um país que combine com você, com seu estilo, suas preferências e pretensões. Como viver bem num país extremamente tradicionalista se você é todo arrojado?

✔ **Não tome essa decisão intempestivamente,** no auge de uma "deprê" pós-relacionamento rompido ou pós-demissão inesperada. Para que seja bem-sucedida, a mudança para outro país tem que ser pensada, estudada e planejada.

✔ **Uma das coisas mais legais de morar fora é ampliar seus horizontes.** Conviver com outras pessoas, outra língua, outra cultura faz toda a diferença para sua bagagem de vida. Mas você deve estar preparado para os percalços que possa enfrentar ao longo da jornada, como precisar mudar de apartamento e se deparar com proprietários que não alugam para estrangeiros, ficar um tempão procurando emprego em sua área e ter que se contentar com o que, no Brasil, consideramos subempregos, e outras coisas do tipo.

✔ **Antes de viajar, faça uma pesquisa extensa,** de preferência com relatos de amigos ou conhecidos que moram ou já moraram fora, para encontrar o melhor destino para você e ter informações detalhadas sobre onde procurar emprego e moradia com segurança. Ter algum conhecimento da língua local é importante na hora dos trâmites de aluguel e mesmo da busca de emprego.

✔ **Informe-se, no consulado do país onde você pretende morar,** sobre todas as iniciativas burocráticas que deve tomar, como providenciar vistos, certificados, vacinas, taxas etc., para não ser surpreendido com uma deportação por falta de documentação adequada.

 Para saber que países aceitariam você como morador, é preciso descobrir primeiro qual é seu perfil: se tem curso superior ou não, qual é sua área de atuação, se tem imóvel no Brasil, se seu saldo bancário é positivo, se está ligado à pesquisa acadêmica ou científica etc. O ideal é pesquisar, entre os países com os quais você se identifica, qual oferece o programa de imigração mais adequado ao seu perfil.

Cursos no exterior

Cerca de cem mil brasileiros participam anualmente de cursos de idioma, programas de trabalho ou *au pair* em outros países. Pesquisa da Alto (Association of Language Travel Organisations) aponta o Brasil como o quarto país que mais enviou estudantes para o exterior nos últimos anos.

Intercâmbio, curso de línguas, pós-graduação, MBA de fato são experiências de vida capazes de valorizar o currículo de qualquer profissional. Mas fazer um bom MBA na Europa pode custar mais que um belo apartamento em um bairro nobre no Brasil – e sem liquidez... É preciso avaliar os riscos antes de tomar decisões como essa. Já cursos de línguas ou cursos de curta duração, como os de verão, são ótimas opções para mexer com a carreira e com o lado pessoal, e a preços bastante razoáveis. Dá até para fazer curso de quinze dias ou um mês, no período de férias – e, com isso, você ainda pode comprar passagem aérea de estudante, a preços tentadores (na maioria dos casos, se tiver menos de 35 anos).

✔ **Pesquise muito antes de escolher uma escola.** Procure referências de quem já estudou lá e analise cuidadosamente o *site* da instituição, para não cair numa roubada.

✔ **Se você estiver seguro da escolha da instituição de ensino,** cogite adquirir o curso diretamente dela, e não por intermédio de uma operadora especializada em cursos e intercâmbios. Isso pode representar uma economia de até 50% no valor final, já que não haverá intermediários envolvidos.

✔ **Se possível, fuja das cidades grandes.** As cidades menores normalmente têm mais tradição em ensino, grandes universidades e – importantíssimo – custo de vida muito mais baixo. Pense em Salamanca, na Espanha, Oxford, na Inglaterra, Nice ou Bordeaux, na França, Florença, na Itália etc.

✓ **Um pouco mais caros, mas também muito interessantes,** são os cursos de línguas associados a outras áreas, como francês e gastronomia em Paris, francês e cinema em Nice, italiano e vinhos em Milão, italiano e artes em Florença. Pense nessa possibilidade, para agregar mais um conhecimento a seu currículo.

Programas de bolsas de estudos

Conseguir uma bolsa para estudar em outro país é unir o útil ao agradável. Respirar novos ares, conhecer outra cultura e ainda dar aquela melhorada no currículo, e de graça, é uma ex-

periência que – com o perdão do trocadilho –
não tem preço.

✔ **As instituições que mais financiam bolsas de estudos
para brasileiros** são a Fundação Carolina, na Espanha, a Comissão Fulbright, nos Estados Unidos, o British Council e o Instituto Chevening,
na Inglaterra, e o Instituto Camões, em Portugal. As diferenças entre as bolsas são muitas: algumas só cobrem parte do valor do curso, mas
as melhores cobrem curso, hospedagem e até
parte da passagem aérea. As exigências também
variam bastante.

✔ **Para se candidatar, é preciso visitar com
frequência os *sites* das instituições,** para ficar atento a todas as datas de inscrição. Exames de proficiência na língua
local (como TOEFL, IELTS, DELE) costumam
ser exigidos na hora da candidatura.

Trabalhar fora

São poucos os sortudos que podem se dar ao luxo de mudar para outro país sem precisar de um emprego para se manter indefinidamente por lá. Se esse não é seu caso, mas você sonha em viver no exterior, veja as dicas a seguir:

✔ **Inscreva-se em *sites* de oferta de emprego no destino escolhido,** como o Infojobs e o Net-Empregos. Nesses lugares você define seu perfil, cadastra seu currículo e encontra muitas ofertas de trabalho, podendo escolher em quais se inscrever. Ali é possível também ter uma ideia da faixa salarial para o que você pretende.

✔ **Se você vai embarcar sem nenhum tipo de emprego pre-definido,** para primeiro curtir um tempo de férias e descanso, invista em visitas a agências de emprego e murais de universidades assim que chegar a seu destino. Enquanto o sonhado bom trabalho não vier, aproveite bicos para se manter, como dar aulas de um idioma que domina, ser garçom ou *bartender*, distribuir *flyers* de casas noturnas etc.

✔ **Avalie a possibilidade de aceitar temporariamente** empregos não remunerados em sua área em troca de estudos. Muitas escolas e universidades aceitam estrangeiros como funcionários por meio período em troca de cursos de línguas ou de conhecimentos específicos.

Volta ao mundo

Desde os tempos de Júlio Verne, dar a volta ao mundo fascina o ser humano. E hoje esse sonho vem virando realidade para um número cada vez maior de pessoas, inclusive para os brasileiros. Pois saiba que, além do sonho realizado, a brincadeira compensa financeiramente, pelo menos em termos de passagem aérea: os *RTW tickets* (*round-the-world tickets*) são vendidos por alianças aéreas e dão direito a no mínimo três e no máximo quinze paradas ao redor do globo, durante o período máximo de um ano, tudo isso por cerca de três mil dólares.

✔ **A viagem tem que ser feita sempre no mesmo sentido** – leste ou oeste –, mas é você que decide onde, quando e por quanto tempo.

✔ **De acordo com suas possibilidades financeiras** para gastar com hospedagem e alimentação e com o custo de vida dos locais que pretende visitar, você pode escolher fazer o percurso em trinta dias, três meses ou um ano, por exemplo.

✔ **Quem dispõe de uma verba maior pode investir num cruzeiro de volta ao mundo.** Diversas empresas, como a Silversea e a Holland America, oferecem esse tipo de cruzeiro por períodos em torno de 120 dias, contemplando os cinco continentes, com todo o conforto e a segurança das instalações de um navio de luxo.

Ano sabático

A ideia de ano sabático vem do termo hebraico *shabat* (o dia do descanso semanal dos judeus) e se refere a um período da vida em que a pessoa interrompe suas atividades de trabalho e passa um tempo (geralmente um ano) investindo em seu crescimento pessoal, por meio de novas experiências culturais e existenciais.

Nos Estados Unidos e em vários países europeus, o ano sabático é uma prática bastante comum, mas no Brasil a ideia de tirar um ano para investir em si mesmo ainda gera muita controvérsia. A filosofia de *viver viajando*, ou de ficar um ano "sem fazer nada", seduz, mas ainda é nova e restrita no Brasil, enquanto em diversos outros países já é tradição, sobretudo ao terminar a *high school* ou por volta dos 35 anos (dependendo da cultura local), sair para "mochilar" pelo mundo. E pasme: o profissional costuma voltar valorizado ao mercado de trabalho.

Mas o ano sabático ainda é tabu em terras tupiniquins, e grande parte das empresas nacionais ainda não vê com bons olhos a ideia de conceder ao profissional licença não remunerada por um ano. Ainda assim, é uma ideia que acomete cada vez mais pessoas no país, especialmente na casa dos 30 anos, mesmo sem a menor garantia de voltar para o antigo emprego depois do período.

Com a história de o casamento e os filhos ficarem para cada vez mais tarde e a realização profissional acontecer mais cedo, tirar um ano sabático passa mesmo pela cabeça de muita gente hoje. Passar um ano viajando por inúmeros países, ou vivendo num único país, ou só estudando (seja fazendo um MBA, um curso de línguas ou um curso para puro prazer pessoal, como de vinhos, gastronomia ou moda), com planejamento financeiro e pesquisa disciplinada, é uma experiência de vida e de turismo incomparável.

Décima escala
VIAJAR SOZINHO

O número de viajantes desacompanhados aumentou, e muito, nos últimos anos – especialmente no caso das mulheres, que, em todas as faixas etárias, estão partindo para desbravar o mundo sem companhia, tão livres de preconceitos como os homens, que há muito já são adeptos desse estilo de viajar. E é claro que não é necessariamente pela falta de alguém; pode ser pelo simples prazer de viajar na companhia de si mesmo, para esquecer um grande amor ou superar uma demissão brusca.

Viajar sozinho é uma experiência totalmente diferente de viajar acompanhado, em todos os sentidos: enquanto é possível desbravar uma cidade sem horários nem concessões, não há com quem dividir os melhores e piores momentos da empreitada – e não é todo mundo que consegue rir sozinho ou de si mesmo.

Mas não são apenas diferenças culturais ou questões de segurança que martelam a cabeça de quem viaja sozinho, especialmente se o viajante for mulher. Existem destinos para os quais informações prévias fazem muita diferença:

✓ **Quem viaja sozinho deve planejar a viagem com ainda mais cuidado e atenção,** para evitar ao máximo imprevistos.

✓ **É fundamental deixar alguém (amigo ou parente) sabendo onde você estará hospedado** e o telefone e o endereço desses lugares.

✔ **O viajante solitário tem que estar mais atento a seus pertences,** já que não tem com quem dividir essa responsabilidade nem quando precisa ir ao banheiro no aeroporto.

> Lembre-se de que não vai ter nenhuma mãozinha extra para carregar sua mala para cima e para baixo no metrô se ela estiver ultrapesada. Não exagere.

✔ **Saiba que será preciso enfrentar numa boa todas as refeições solitárias que fará,** e lembre-se de que viajar sozinho é mais caro, afinal todas as contas, do hotel ao restaurante, serão custeadas por um único viajante. Mas, por sorte, muitos hotéis e companhias de cruzeiros já oferecem descontos significativos para quem viaja sozinho.

✔ **É preciso estar disposto a conscientemente passar um tempo com você mesmo** e não deixar que a solidão pese mais que o prazer da viagem. Quem já viajou sozinho, porém, sabe que os momentos de absoluta solidão são raros, dada a quantidade de gente com as quais interagimos ao longo da viagem.

✔ **Um cronograma intenso de atividades ao longo do dia deixa poucos momentos para lembrar que não tem ninguém com você** e aumenta a probabilidade de você se deparar com sujeitos folclóricos em seu caminho. Com o dia cheio, a noite passa a ter menos importância, e você não fica se questionando aonde é que vai jantar sozinho sem ter aquela sensação de que todo mundo está olhando. Mas sair sozinho à noite também pode ser uma experiência interessantíssima!

✔ **Livros são ótimos companheiros de viagem.** Mas, *durante* a viagem, nestes tempos tão cibernéticos, invista num *blog* – com alguns minutos por dia, você partilha tudo que estiver vendo e vivendo com amigos e familiares e com uma infinidade de gente que você nem conhece. Se tiver mais tempo disponível, dá para ir atualizando o *blog* com as fotos que você fizer em seus passeios. Assim todo mundo viaja com você.

✔ **Quem sente falta de companhia,** mas tem que viajar sozinho por questões de agenda ou temperamento, tem como alternativa se hospedar em albergues. Mesmo que você escolha um quarto privativo, certamente vai conhecer muita gente interessante, dos quatro cantos do planeta, nas áreas comuns do local e vai ter companhia para o que der e vier.

 ## Capítulo à parte: mulheres sozinhas mundo afora

Nunca se viu tanta mulher viajando sozinha como hoje em dia. Mesmo com todo o preconceito e o assédio, as mulheres – felizmente as brasileiras também! – estão aprendendo a desbravar o mundo com a cara e a coragem, sem precisar da muleta de uma companhia.

Dados da Federação Brasileira de Albergues da Juventude revelam que, no Brasil, mais de 80% das mulheres que se hospedaram nos últimos anos num dos estabelecimentos da rede estavam viajando sozinhas. No exterior, esse número é ainda mais expressivo, especialmente em destinos e roteiros de ecoturismo, em que o público é majoritariamente feminino e independente, numa faixa etária larguíssima, que vai dos 25 aos 60 anos.

Para a maioria delas, o destino importa menos que a viagem em si: viajar sozinha é também uma espécie de viagem interior, de autoconhecimento. Como em qualquer caso, informações prévias fazem toda a diferença, não importa para onde sua mala aponte – e, gostemos ou não de estereótipos, infelizmente as mulheres são mesmo alvos mais vulneráveis em questões de segurança.

✔ **Planeje seu itinerário com cuidado** e detalhe e estude os hábitos e costumes do local que você vai visitar, para não dar nenhum fora.

✔ **Evite longos tempos de espera** em aeroportos e estações.

✔ **Nos trens,** procure cabines que tenham mais gente por perto e evite os trens noturnos.

✔ **Leve sempre um livro ou revista** – ou até mesmo seu iPod – para os momentos de solidão. Eles também são uma ferramenta útil

para quando você quiser afastar um cha-
to – basta ficar compenetradíssima na leitura ou na música que está escutando.

✓ **Quando sair à noite,** tenha em mente duas
orientações básicas: não tire os olhos nem
as mãos de seu copo, para que não haja o
menor perigo de sua bebida ser "batizada",
e nunca exagere na dose, já que não vai haver ninguém confiável para levá-la até o
hotel.

✓ **Medidas higiênicas básicas recomendam que você tenha papel higiênico sempre à mão,** para
evitar imprevistos. Também leve sempre
na bagagem seu absorvente de costume,
mesmo que você ache que não vai ficar
menstruada durante a viagem – pode ser
que, quando precisar, você não encontre
a marca a que está habituada e aí, prova-

velmente, vai pagar muito mais caro pela que estiver disponível.

✔ **Mudanças de país, fuso horário e temperatura podem causar resfriados, alterações no ciclo menstrual e outros inconvenientes.** Monte com cuidado sua farmacinha pessoal, levando todos os remédios a que você está acostumada, incluindo medicamentos contra cólica, vitamina C, antialérgicos, aspirina etc.

✔ **Não exagere no tamanho da mala** – lembre-se de que não vai haver ninguém além de você mesma para carregá-la, e que cavalheirismo não é algo que existe em qualquer parte do planeta. Seja prática e eleja roupas e peças que deixem sua bagagem o mais leve possível.

✔ **Durante a viagem, não dê bandeira andando sozinha, altas horas, por lugares desertos, ou pa-**

rando para fuçar o mapa no meio da rua. Entre sempre numa loja ou café para consultar sua papelada e verifique os caminhos que terá que seguir antes de sair. Se ficar em dúvida, pergunte à mocinha da recepção do hotel ou albergue se ela acha seguro fazer o trajeto que você está pensando em fazer.

VIAJAR COM CRIANÇAS

S air em férias com crianças não é tarefa fácil. Mas viajar é preciso, e filhos não são desculpa para cancelar seus passeios. A única questão é que uma viagem com crianças exige muito mais planejamento que uma somente de adultos, então é preciso ficar atento aos pontos mais importantes:

✔ **A arrumação das malas é uma parte trabalhosa e complexa** – para alguns pais, é imprescindível fazer uma listinha antes de passar o cadeado. O ideal é sempre separar uma bolsa ou mochila só para a criança, mesmo que ainda seja bebê. O *kit* básico de fraldas, lencinhos umedecidos, remédios e chupeta tem que estar sempre à mão.

- ✔ **A escolha do destino e a elaboração do roteiro também merecem todo o cuidado** – crianças odeiam fazer compras e passeios noturnos. E se cansam com facilidade das caminhadas, mesmo dentro de parques cheios de atrações. Elas adoram museus interativos e de história natural, mas não vão curtir espetáculos da Disney na Broadway se ainda não falarem inglês.

- ✔ **Para os bebês, leve sempre carrinhos leves e fáceis de desmontar.** Os *baby slings* europeus (faixas de tecido para carregá-los nas costas ou na barriga) também são muito eficientes em passeios que incluem grandes caminhadas – e deixam livres as mãos dos pais.

✔ **O hotel certo para quem viaja com crianças deve ter piscina e outras áreas de lazer,** para preparar o espírito e o ânimo delas para os outros passeios pelo destino.

✔ **Peça sempre berços e camas extras já no ato da reserva,** para evitar transtornos na hora da chegada.

> ☞ Fazer seguro-viagem para as crianças também é absolutamente imprescindível. Confira ainda a carteira de vacinação e a necessidade de tomar vacinas específicas para o destino em questão.

✔ **Enquanto estiver planejando a viagem, deixe a criança (mesmo pequenininha) participar dessa fase.** Mostre a ela mapas e fotos dos lugares que serão visitados, exiba páginas de *sites* sobre o destino e fale sobre como será o passeio, para que ela também crie expectativas. Se for viajar para algum destino exótico, prepare um prato típico do país, para que a criança conheça o paladar do local e tenha mais interesse. Se o destino tiver outra língua, coloque músicas nesse idioma para ela ouvir, para que se acostume.

✓ **Ao planejar o roteiro, no caso de crianças muito pequenas, vale descartar locais com temperaturas baixas demais,** a fim de evitar problemas como gripes e resfriados mais sérios, que podem arruinar o passeio.

✓ **Para famílias, os pacotes geralmente compensam** — além de hotel e transporte, costumam incluir alguns passeios. Muitos hotéis aceitam até duas crianças de no máximo 10 anos no apartamento dos pais, sem cobrar nada a mais por isso. Elas costumam entrar de graça também na maioria dos museus e atrações similares, além de terem desconto em passagens de trem no exterior.

✔ **Verifique a infraestrutura e a localização do lugar onde vocês vão ficar,** para saber se há farmácias e supermercados por perto.

✔ **Evite encher demais a mala,** porque excesso de peso e crianças não combinam.

✔ **Antes do embarque, leve a criança ao dentista,** atendimento que não costuma figurar em todos os planos de saúde de viagem.

✔ **Confira se todos os locais que você pretende visitar não fazem restrições a crianças.** Hoje em dia, muitos hotéis e restaurantes não aceitam menores de 12 anos.

✔ **Evite exagerar no itinerário, transformando as férias numa verdadeira maratona** – crianças não possuem o mesmo pique para passeios que adultos. É preciso incluir, no meio da programação, atividades de lazer e descanso para a família inteira.

✓ **Cada criança viajando com os pais representa em média um acréscimo de 30% no orçamento da viagem** – mas é claro que os custos variam muito, em função dos hotéis, restaurantes e meios de transporte escolhidos.

✓ **Crianças necessitam de alimentação constante e regular,** além de exigirem uma farmacinha de viagem mais completa, por estarem mais sujeitas a adoecer em decorrência de variações climáticas ou de gastronomias diferentes.

✓ **Com crianças maiores, estabeleça antes do embarque qual será o limite individual para compras e gastos,** e respeite-o, sem abrir exceções – isso as educará para a política econômica das próximas viagens.

Deixe claras também as regras para consumo no frigobar do quarto do hotel. Em caso de diferença de moeda, explique quanto vale a moeda do local e procure fazer a criança entender o preço das mercadorias em reais.

No avião

✔ **Deixe à mão a sacola do bebê,** com fraldas, mamadeira, lenços umedecidos etc.

✔ **Leve alimentação própria para os bebês,** como leite, suco e papinhas, que não costuma ser oferecida pelas companhias aéreas. Mesmo quando estão disponíveis no avião, as papinhas podem não ser da mesma marca a que a criança está acostumada, e ela pode não se adaptar.

✔ **Leve brinquedinhos ou jogos para entreter as crianças.** O choro de um bebê durante o voo irrita sobremaneira os outros passageiros, e todo mundo merece ter um voo tranquilo. As crianças não costumam ter sono calmo nos voos mais longos, por isso precisam de entretenimento a maior parte do tempo. Esteja preparado.

✔ **Crianças também precisam de visto e passaporte,** com procedimentos iguaizinhos aos dos adultos, mas validade menor. Cheque sempre toda a documentação antes de embarcar. Em voos nacionais e internacionais, menores desacompanhados precisam de autorização dos pais ou responsáveis. Pode ser de próprio punho, mas com firma reconhecida em cartório. Bebês com menos de sete dias não podem viajar.

No carro

✔ **Criança vai sempre no banco de trás,** indiscutivelmente. Aquelas de até 4 anos devem ir na cadeira especial para automóveis, como prega a lei.

✔ **Quem vai de carro precisa de estratégias, jogos e brincadeiras para entreter os pequenos.** Vale jogar com as letras do alfabeto, apontar ou contar objetos que vocês veem pela estrada, adivinhar a cor do carro que vai passar ao lado e outras coisas do gênero, para manter as crianças entretidas.

✔ **Faça paradas ao longo da viagem,** aproveitando para dar água às crianças e levá-las ao banheiro. Trechos muito grandes irritam as crianças menores.

✔ **Peça ao pediatra que receite remédio contra enjoos para os pequenos.** Durante subidas e descidas de serra, dê a mamadeira ou algo de comer para o bebê, evitando o desconforto da pressão nos ouvidos.

✔ **Viajando com crianças, o consumo de combustível é maior,** já que elas pressupõem mais bagagem e equipamentos extras, deixando o carro mais pesado.

No restaurante

✔ **Não fique em longas filas de espera por uma mesa.** Evite os horários de pico, para não ter que ficar esperando ser atendido, ou faça reserva antecipadamente.

✔ **Alimente o bebê antes de sair para almoçar ou jantar,** de modo que você possa fazer sua refeição de maneira mais tranquila.

✔ **Muitos locais oferecem menus específicos para crianças,** que costumam vir acompanhados de elementos lúdicos (lápis e papel, por exemplo), para distraí-las enquanto a comida não vem, e custam cerca de 50% do prato normal.

 ✔ **Leve sempre o carrinho ou a cadeirinha portátil para acomodar os menorzinhos,** até mesmo para um cochilo enquanto os pais fazem a refeição.

Gestantes

✔ **As companhias aéreas geralmente aceitam gestantes com até trinta semanas de gravidez,** mas vale lembrar que o comandante e até o pessoal do balcão têm autoridade para vetar o embarque se não o julgarem adequado.

✔ **No avião, procure não passar muito tempo sentada,** caminhe regularmente nos corredores e, por mais incômodo que pareça, utilize meias de compressão, para diminuir o impacto na circulação – que é complicada para qualquer pessoa.

✔ **Como a desidratação, muito comum nas gestantes,** costuma ser agravada pelo ar-condicionado do avião, beba sempre muita água.

✔ **Peça que seu médico lhe receite um antiemético,** para evitar enjoos durante o voo.

✔ **Na hora da comida,** tenha mais atenção ao que leva à boca, já que esse é um período especial.

✔ **Na bagagem,** além de roupas e sapatos muito confortáveis e meias extras, tenha fácil um *kit* emergencial, com remédios receitados por seu médico, comidinhas (barrinhas de cereais ou frutas, por exemplo) para as quedas glicêmicas e – importantíssimo – todos os telefones de seu obstetra, caso precise encontrá-lo numa emergência.

Décima segunda escala
VIAGENS DE NEGÓCIOS

As viagens de negócios movimentam quase setecentos bilhões de dólares por ano, com expectativa de crescimento anual de pelo menos 3% até 2015. Segundo a Embratur, é o trabalho que traz 26% dos visitantes estrangeiros ao Brasil, e é esse também o motivo de 34% dos brasileiros embarcarem para o exterior.

Se você tem um trabalho que o faz rodar o mundo, antes de se sentir sortudo ou sobrecarregado – sim, existem as duas faces da moeda –, saiba que planejamento é também a alma de uma viagem de negócios. Uma viagem a trabalho não precisa ser desprovida de prazer, de jeito nenhum – geralmente dá até para aproveitar e emendar seu compromisso com um roteirinho de passeio. Tudo começa antes da viagem, com organização.

✓ **Se você se preparar o máximo que puder *antes* de embarcar,** certamente vai conseguir aproveitar um pouco do destino visitado e ainda cumprir todas as suas obrigações profissionais, apresentando ótimos resultados em seu retorno.

✓ **Para aproveitar a cidade visitada, escolha bem o endereço do hotel.** Geralmente, o local onde você vai trabalhar fica no centro financeiro e empresarial da cidade – e, convenhamos, esse não costuma ser o melhor lugar para se hospedar. É melhor mexer os pauzinhos para ficar um pouco mais perto das atrações turísticas (ainda que isso signifique ficar mais longe do escritório) e aproveitar bem a cidade, especialmente à noite, período em que geralmente estará livre das obrigações de trabalho.

✓ **Viajar a trabalho não significa ter toda a mordomia do mundo.** A maioria das empresas, hoje, substitui o voo de executiva por econômica (primeira classe, só para o presidente da companhia), e os hotéis normalmente são funcionais mas simples, sem grandes luxos.

✓ **Durante a viagem, mantenha a postura que teria dentro do escritório:** você está a trabalho! Isso quer dizer também maneirar nos gastos – se você não souber controlar suas despesas na viagem, provavelmente nunca mais será enviado para missões desse tipo. Peça sempre recibo e tenha bom senso.

✔ **Informar-se antes sobre a cultura do local visitado é fundamental** – nada pior que saias justas profissionais, que, por causa de diferenças culturais ou de comunicação, podem colocar em risco um negócio de milhões. Aproveite para pedir a seus pares locais dicas de restaurantes e lugares descolados para conhecer.

✔ **Nunca abandone o *networking*:** leve muitos cartões de visita, se possível na língua do país visitado (ou pelo menos em inglês), e amplie sua rede de contatos mundo afora.

✔ **Cuidado com a alimentação** – não dá para descuidar da saúde quando você está representando a empresa em que trabalha e está a milhares de quilômetros de casa. Regra básica: bebidas somente engarrafadas e alimentos cozidos.

✔ **Antes de colocar qualquer peça dentro da mala,** verifique qual será a programação do período: visitas a empresas pedem roupas formais, eventos noturnos podem sugerir trajes mais elegantes, almoços geralmente são mais informais etc. De qualquer maneira, escolha sempre roupas discretas e elegantes – mas não deixe de incluir traje de banho, para aproveitar pelo menos a sauna do hotel. A mala de mão deve levar uma troca de roupa, caso aconteça (toc, toc, toc) um extravio da bagagem despachada. Invista em tons neutros (branco, preto, bege, cinza, marinho), com peças fáceis de combinar entre si e tecidos que não amassem – o *hors-concours* é a microfibra. E não se esqueça de levar roupa íntima suficiente para o período e para eventuais imprevistos e um bom guarda-chuva.

✔ **Se possível, leve tudo na bagagem de mão** – viajar só com bagagem de mão poupa muito tempo no aeroporto, tanto no *check-in* (que nesse caso você poderá fazer pela internet, sem enfrentar a fila no saguão) quanto na chegada, já que não precisará ficar esperando a mala na esteira de bagagens. Ter apenas um pequeno volume consigo também facilita a vida durante os deslocamentos, e, em caso de atraso no voo, dá até para ir direto para o escritório com a bagagem.

Décima terceira escala
INTERNET

A internet é a grande amiga do viajante contemporâneo, antes, durante e depois da viagem: há uma infinidade de ferramentas à disposição para pesquisa, cotação e compra de serviços. Sem contar a proliferação dos *blogs* de viajantes, que contam vivências pessoais, nada comerciais, ocorridas nos quatro cantos do planeta. A interação e a troca de experiências com outros internautas viajantes acabam fazendo toda a diferença na viagem.

A seguir você verá uma lista de *sites* que podem ajudá-lo, e muito, na preparação e na concretização de sua tão sonhada viagem. Além dos endereços listados, visite sempre seus *blogs* de viagem prediletos para encontrar outras informações, de caráter mais pessoal, que possam ajudar na solução de suas dúvidas e na elaboração de seu roteiro.

Publicações especializadas

☺ **Condé Nast Traveller:** www.cntraveller.co.uk
☺ **Travel + Leisure:** www.travelandleisure.com
☺ **New York Times:** www.travel.nytimes.com
☺ **Viaje Aqui:** www.viajeaqui.com
☺ **Viaje na Viagem:** www.viajenaviagem.com

Guias para toda obra

☺ **Citysearch:** www.citysearch.com (para buscar a localização de hotéis e atrações)

☺ **Lonely Planet:** www.lonelyplanet.com

☺ **Frommer's:** www.frommers.com (para informações sobre n destinos no mundo)

☺ **Time Out:** www.timeout.com (para checar a programação cultural de seu destino)

☺ **Virtual Tourist:** www.virtualtourist.com (para acompanhar depoimentos interessantes sobre diversos lugares)

Dados úteis

☺ **Via Michelin:** www.viamichelin.com (informações turísticas em geral sobre países da Europa, América do Norte e alguns da Ásia)

☺ **Cálculo de distância entre cidades:** www.mapcrow. info

- ☺ **Trip Planner:** www.wunderground.com/tripplanner (previsão do tempo)
- ☺ **Agritempo:** www.agritempo.gov.br (probabilidade de chuva no Brasil)
- ☺ **Free Searching:** www.freesearching.com/map.htm (*links* para uma infinidade de mapas *online*)
- ☺ **Timetable:** www.timetable.com.br (horários de voos de ou para o Brasil)
- ☺ **Centro de Informação em Saúde para Viajantes (Cives, UFRJ):** www.cives.ufrj.br

Passagens aéreas

- ☺ **Decolar:** www.decolar.com
- ☺ **Rumbo:** www.rumbo.com.br
- ☺ **Expedia:** www.expedia.com
- ☺ **Priceline:** www.priceline.com
- ☺ **Skyscanner:** www.skyscanner.net
- ☺ **Kayak:** www.kayak.com

☺ **Travelocity:** www.travelocity.com
☺ **Orbitz:** www.orbitz.com
☺ **Travelzoo:** www.travelzoo.com
☺ **Airfarewatchdog:** www.airfarewatchdog.com

Informações sobre hotéis

☺ **Tablet Hotels:** www.tablethotels.com (para pesquisar hotéis em geral)
☺ **Design Hotels:** www.designhotels.com (hotéis modernosos)
☺ **Luxury Link:** www.luxurylink.com (hotéis, obviamente, de luxo)
☺ **Great Small Hotels:** www.greatsmallhotels.com (hotéis pequenos e charmosos)
☺ **Priceline:** www.priceline.com (para ofertas de última hora)
☺ **Trip Advisor:** www.tripadvisor.com (para conferir opiniões de hóspedes sobre hotéis do mundo inteiro)

☺ **Venere:** www.venere.com (reservas *online* em hotéis do mundo inteiro)

☺ **Hotéis.com:** www.hoteis.com (reservas em hotéis no mundo todo, em português)

Um apartamento para chamar de seu

☺ **New York Habitat:** www.nyhabitat.com (Nova York, Paris, sul da França, Londres e Roma)

☺ **Rent Paris:** www.rentparis.com (Paris)

☺ **Dimora Veneziana:** www.dimoraveneziana.com (Veneza)

☺ **Magica Venezia:** www.magicavenezia.com (Veneza)

☺ **Rental Rome:** www.rentalrome.com (Roma)

☺ **Apartments BA:** www.apartmentsba.com (Buenos Aires e Punta del Este, no Uruguai)

☺ **ByT Argentina:** www.bytargentina.com (Buenos Aires)

☺ **Rent in Barcelona:** www.rentinbarcelona.com (Barcelona)

- 😊 **Chic & Basic:** www.chicandbasic.com (Barcelona)
- 😊 **Amsterdam Escape:** www.amsterdamescape.com (Amsterdã)
- 😊 **The Independent Traveller:** www.gowithit.co.uk (Londres e outras cidades inglesas, Escócia, País de Gales e Paris)
- 😊 **Home Away:** www.homeaway.com (mundo)
- 😊 **Rentalo:** www.rentalo.com (mundo)
- 😊 **VRBO:** www.vrbo.com (mundo)

Home exchange

- 😊 **Couch Surfing:** www.couchsurfing.com
- 😊 **The Hospitality Club:** www.hospitalityclub.org
- 😊 **Global Freeloaders:** www.globalfreeloaders.com
- 😊 **Servas International:** www.servas.org
- 😊 **Bed Sharing:** www.bedsharing.org
- 😊 **Hospitality Exchange:** www.hospex.net
- 😊 **Troca Casa:** www.trocacasa.com.br

☻ **Home Exchange:** www.homeexchange.com

☻ **Intervac:** www.intervac.com

☻ **Home Link:** www.homelink.org

☻ **SwitchHome:** www.switchome.org

Albergues

☻ **Hostelling International:** www.hihostels.com

☻ **Hostel Bookers:** www.hostelbookers.com

☻ **Hostel World:** www.hostelworld.com

☻ **Lonely Planet:** www.lonelyplanet.com

☻ **Mochila Brasil:** www.mochilabrasil.com.br

Informações sobre metrôs
do mundo inteiro

☻ **Anote nos favoritos:**

www.amadeus.net/home/new/subwaymaps/en/

Aluguel de carro

☺ **Budget:** www.budget.com
☺ **Alamo:** www.alamo.com
☺ **Mobility:** www.mobility.com.br
☺ **Avis:** www.avis.com
☺ **Hertz:** www.hertz.com
☺ **Dollar:** www.dollar.com

Aluguel de bicicleta

☺ **Vélib':** www.velib.paris.fr (somente em Paris)
☺ **Vélo'v:** www.velov.grandlyon.com (Lyon e arredores)
☺ **Bicing:** www.bicing.com (Barcelona)

Burlando filas (compre seu ingresso antes de sair do Brasil)

☺ **Empire State Building, Nova York:** www.esbnyc.com

☻ **Torre de Pisa:** http://boxoffice.opapisa.it/Torre/first.jsp

☻ **Musée du Louvre, Paris:** www.ticketnet.fr

☻ **Alhambra, Granada:** www.alhambra-tickets.es

Ingressos para espetáculos

☻ **Tele Ticket Service:** www.teleticketservice.com

☻ **Ticketmaster:** www.ticketmaster.com

☻ **Fnac Spectacles:** www.fnacspectacles.com

☻ **Top Ticket Line:** www.topticket.es

Top museus

☻ **Musée du Louvre, Paris:** www.louvre.fr

☻ **Musée Rodin, Paris:** www.musee-rodin.fr

☻ **Musée d'Orsay, Paris:** www.musee-orsay.fr

☻ **The Metropolitan Museum of Art, Nova York:**
www.metmuseum.org

☻ **Museo Nacional del Prado, Madri:**
www.museodelprado.es

☺ **Museo Nacional Reina Sofía, Madri:**
www.museoreinasofia.es

☺ **Museo Thyssen-Bornemisza, Madri:**
www.museothyssen.org

☺ **The National Gallery, Londres:**
www.nationalgallery.org.uk

☺ **The British Museum, Londres:**
www.thebritishmuseum.ac.uk

☺ **Gallerie dell'Accademia, Veneza:**
www.gallerieaccademia.org

☺ **Galleria degli Uffizi, Florença:** www.uffizi.com

☺ **Musei Vaticani, Cidade do Vaticano:**
http://mv.vatican.va

☺ **Pergamon Museum, Berlim:**
www.smb.spk-berlin.de/smb/standorte/

☺ **Museum Het Rembrandthuis (Museu Casa de Rembrandt), Amsterdã:** www.rembrandthuis.nl

☺ **Rijksmuseum, Amsterdã:** www.rijksmuseum.nl

☺ **Van Gogh Museum, Amsterdã:**
www.vangoghmuseum.nl

Museus "divertidos"

- ☺ **MoMa (Museu de Arte Moderna), Nova York:** www.moma.org
- ☺ **Tate Modern, Londres:** www.tate.org.uk
- ☺ **National Air and Space Museum (Museu Aeroespacial Nacional), Washington:** www.nasm.si.edu
- ☺ **National Postal Museum (Museu Postal Nacional), Washington:** www.postalmuseum.si.edu
- ☺ **National Museum of Natural History (Museu Nacional de História Natural), Washington:** www.mnh.si.edu
- ☺ **American Museum of Natural History (Museu Americano de História Natural), Nova York:** www.amnh.org
- ☺ **Centre Georges Pompidou, Paris:** www.centrepompidou.fr

Bolsas de estudos no exterior

- ☺ **Universia Brasil:** www.universia.com.br

- 😊 **Capes:** www.capes.gov.br
- 😊 **Fapesp:** www.fapesp.br
- 😊 **Fundação Estudar:** www.estudar.org.br
- 😊 **Erasmus Mundus:** http://ec.europa.eu/education/programmes/mundus (diversos países da Europa)
- 😊 **Fundação Carolina:** www.fundacioncarolina.es (Espanha)
- 😊 **Comissão Fulbright:** www.fulbright.org.br (Estados Unidos)
- 😊 **British Council:** www.britishcouncil.org.br (Inglaterra)
- 😊 **Instituto Chevening:** www.chevening.org.br (Inglaterra)
- 😊 **Instituto Camões:** www.instituto-camoes.pt (Portugal)

Busca de vagas de emprego

- 😊 **Infojobs:** www.infojobs.com
- 😊 **Net-Empregos:** www.net-empregos.com

Avaliação de comida de avião

☺ **Airline Meals:** www.airlinemeals.net

Cruzeiros de volta ao mundo

☺ **Silversea:** www.silversea.com
☺ **Holland America:** www.hollandamerica.com

RESUMINDO

1) **Informação, muita informação.** Informar-se corretamente sobre destinos, atrações, passeios, hotéis, voos nunca é demais. Quanto mais informações prévias você tiver, menores as chances de imprevistos acontecerem. Informe-se também sobre costumes e leis dos países a ser visitados, em especial no que diz respeito ao consumo de álcool – muitos não permitem que bebidas alcoólicas sejam consumidas nas ruas ou em outros locais públicos. Em alguns paí-

ses muçulmanos, o consumo de álcool é proibido por lei.

2) Precaução. Antes de viajar, confira toda a documentação, principalmente o passaporte, que deve ter no mínimo seis meses de validade contados a partir da data de retorno da viagem. Vistos, vacinas, passagens, *vouchers*... verifique tudo mais de uma vez. Durante a viagem, fique o tempo todo atento à sua documentação e à sua bagagem. Leve consigo, anotados num papel ou salvos no celular, os telefones dos consulados e embaixadas brasileiros em todos os destinos por onde você vai passar. Escanear seus documentos e enviar a cópia para seu próprio *e-mail* também é interessante.

3) Checklist. Elabore listas para checar se pegou mesmo tudo que era necessário em relação a seus documentos, sua bagagem etc.

4) Tempo. Antecedência é a palavra-chave. Quanto antes você reservar, melhores preços vai conseguir em passagens aéreas, hotéis etc. E a probabilidade de consegui-los exatamente para as datas que deseja é muito maior.

5) Estratégias. As tarifas aéreas costumam ser mais baratas de terça a quinta-feira, e o movimento nos aeroportos, bem menor – especialistas afirmam que a quarta-feira é o dia que tem as melhores tarifas para voar. Defina estratégias para saber o que, de fato, é melhor para o seu descanso.

6) Época. Qualquer época é boa para viajar, ainda que a chamada baixa temporada tenha mais tranquilidade e melhores preços. Mas nem todo mundo tem a sorte de poder viajar no outono ou na primavera. A melhor época para viajar depende de você e do destino a ser visitado –

um período em que o tempo seja bom no país (nada de furacões, monções ou enchentes, certo?) e em que você possa sair tranquilo de fato, sem levar preocupações do trabalho para as férias.

7) **Procure os restaurantes tradicionais.** Isso não quer dizer necessariamente os estrelados, mas aqueles onde há muitos moradores (e não turistas) comendo – se os habitantes do local frequentam, é porque vale a pena. Prefira sempre beber água engarrafada, para evitar contratempos – embora em quase toda a Europa a água da torneira seja potável. Diarreia e intoxicação alimentar são as doenças mais comuns aos viajantes internacionais.

8) **Defina o destino antes de partir.** Se você comprar uma passagem de ida e volta para alguma capital europeia, para depois decidir seus outros destinos, provavelmente vai gastar mais e ter mais

preocupações com conexões de diferentes companhias ou em diferentes aeroportos. Se você deseja conhecer Paris e Praga, por exemplo, já saia do Brasil com a passagem comprada até o destino final – o trecho interno sai praticamente de graça.

9) **Defina o roteiro antes de partir.** Uma escapadinha aqui, outra ali até valem, afinal é bom se sentir livre nas férias. Mas o ideal é fechar um roteiro básico antes de viajar e reservar o máximo possível de trechos internos e hospedagens antes de sair de casa. Já pensou desperdiçar horas em Paris atrás de uma cama para dormir? Ou ficar zanzando com as malas nas areias de Phi Phi, na Tailândia, para descobrir que todos os hotéis estão lotados?

10) **Defina seu perfil.** Dizem algumas pessoas que o viajante pode embarcar de salto alto ou havaia-

nas, o que significa que existem diferentes perfis de turistas, e você não pode ignorar o seu ao planejar sua viagem. Mas isso não é simplesmente uma questão de ter bastante ou pouco dinheiro; tem muito a ver também com a personalidade de cada um. Se você não topa muita intimidade com desconhecidos, por exemplo, albergues nunca podem figurar em sua lista. Se você odeia praticar esportes, como é que pode incluir um *trekking* no roteiro?

11) **Escolha conscientemente.** Se você não gosta de tomar decisões e ter preocupações em suas viagens, e não se importa de passar horas dentro de um ônibus com desconhecidos, compre um pacote. Se você não pode nem ouvir falar a palavra "excursão", feche um roteiro – sozinho ou via agente de viagens – que seja a sua cara. Mas não descarte os chamados *city packages*, que vendem passagem aérea + hotel para as princi-

pais capitais europeias e norte-americanas: o hotel acaba saindo de graça. Esse tipo de pacote agora virou moda no Brasil e está disponível para inúmeras cidades. Alguns incluem, além do voo e do hotel, os traslados de chegada e saída, e outros ainda o *city tour*.

12) **Defina seu orçamento.** A viagem tem que caber em seu bolso. De que adianta gastar horrores em trinta dias de férias e depois passar o resto do ano falido, sem saber quando poderá viajar de novo? A viagem que cabe em seu orçamento (seja ele grande ou pequeno) é aquela que respeita também suas preferências e seu ritmo e lhe permite, na volta, já começar a planejar as próximas férias.

13) **Consumo.** Controle seus impulsos consumistas, mesmo em países baratos. Lembre-se sempre de que você só pode trazer o equivalente a quinhen-

tos dólares em compras no destino visitado. Se for parado pela alfândega e estiver trazendo mais, o imposto é severo, e você ainda pode receber outras punições.

14) Simpatia. Use e abuse da simpatia e do poder de barganha para conseguir descontos nas compras e *upgrades* em voos, hotéis, restaurantes etc. Sendo sempre simpático, você ainda poderá voltar da viagem cheio de amigos.

BOA VIAGEM!

Descobri minha paixão por viajar aos 9 anos, quando ganhei da tia Wanda minha primeira viagem de avião – uma ponte aérea São Paulo-Rio. Naquela época, eu não tinha o menor medo de voar e achava até turbulência uma diversão. Só de ouvir o barulho do avião, já sentia aquela sensação boa, aquele frio na barriga, prevendo experiências prazerosas, surpresas e realizações – sensações que até hoje tenho toda vez que embarco numa viagem, na expectativa de tudo que vou descobrir e sentir de novo nos dias em que estiver fora. E como vou voltar diferente da viagem.

Mesmo com medo de avião – sim, preciso confessar que hoje odeio voar, embora tenha verdadeira paixão por aeroportos –, não sei dizer qual foi a melhor viagem que fiz. Brasil, Argentina, Chile, Estados Unidos, Portugal, França, Espanha, Alemanha, Leste Europeu, Itália, Tunísia, Tailândia... todas foram absolutamente incríveis. Sempre volto feliz da viagem, e há destinos de que gosto tanto que estou sempre visitando. Com bastante planejamento, mesmo os percalços que nos estressam vez ou outra durante a viagem acabam virando histórias incríveis para contar aos amigos na volta.

Digo sempre que viajo para viver e vivo para viajar. Amo viajar até mesmo única e exclusivamente em minha própria companhia – e sempre faço ótimas amizades pelo caminho, estando sozinha ou acompanhada. É como um vício maravilhoso, impossível parar. Espero que você tenha aproveitado estas dicas aqui reunidas com carinho e, claro, que viaje sempre, cada vez melhor! Quem sabe a gente não se esbarra por aí?

GLOSSÁRIO

Amenities: miudezas oferecidas aos hóspedes, como cortesia, pelos hotéis, cruzeiros, salas *vip* e companhias aéreas, como *shampoo*, sabonete, hidratante, sais de banho, bombons etc.

Au pair: programa de trabalho como babá no exterior, para jovens de 18 a 26 anos.

Brunch: refeição longa, que une o café da manhã (*breakfast*) com o almoço (*lunch*), realizado em geral entre onze horas da manhã e três da tarde.

Cartão pré-pago: cartão que pode ser adquirido em agências bancárias ou de turismo, cujo valor é pago antecipadamente, e pode ser utilizado para saques e compras. É possível recarregá-lo.

Check-in: ato de se apresentar no balcão da companhia aérea, munido dos documentos exigidos para o embarque, para que o bilhete aéreo seja emitido e a bagagem seja despachada. Também designa a entrada do hóspede no hotel.

Low-cost ou low-fare: companhias aéreas de baixo custo operacional, que vendem passagens a preços muito menores que as companhias tradicionais, porém possuem algumas restrições em relação aos serviços tradicionalmente oferecidos aos passageiros, por exemplo: o limite de bagagem por passageiro é reduzido, só há uma única classe no avião, em muitas linhas a comida servida a bordo é paga, os aeroportos utilizados costumam ficar em áreas afastadas das cidades etc. Literalmente, as *low-cost* são companhias aéreas de baixo custo (e, portanto, serviço bastante limitado), e as *low-fare* são aquelas com baixas tarifas.

Overbooking: superlotação de voo ou hotel, quando são vendidos mais assentos do que existem na aeronave ou mais quartos do que há no hotel.

Shuttle bus ou shuttle service: serviço de transporte de ida e volta de um ponto a outro, geralmente do aeroporto para o centro da cidade e vice-versa.

Traveler's check ou cheque de viagem: cheque emitido por uma instituição financeira com valor predefinido, em euro, dólar e outras moedas, que pode ser usado pelo viajante para compras ou ser trocado em bancos e casas de câmbio. Os *traveler's* *checks* são numerados e, em caso de perda ou roubo, podem ser reembolsados.

Upgrade: elevação de nível de serviço, como passar da classe econômica para a executiva no avião ou conseguir um quarto de luxo no hotel tendo reservado um *standard*.

Vaporetto: barco que faz o transporte entre os canais de Veneza.

Voo interno: voo doméstico, dentro do mesmo país ou de um continente unificado, como a União Europeia.

Voucher: documento que confirma a compra da passagem aérea ou a reserva do quarto de hotel.

Apêndice
DIREITOS E DEVERES DO VIAJANTE

Direitos

✔ **Extravio de bagagem:** vá direto ao balcão da companhia aérea ou ao guichê de reclamação de bagagens e registre a queixa. As companhias aéreas têm até três dias para devolvê-la, onde você estiver. Caso ela não seja encontrada, você tem direito a uma indenização de vinte dólares por quilo de bagagem despachada.

✔ **Danos na bagagem:** imediatamente após recolher a mala da esteira, vá ao guichê de reclamações, que costuma ficar logo ao lado. Preenchendo o formulário da companhia aérea responsável, você terá direito ao conserto do dano provocado ou até à compra de uma mala nova, caso não haja conserto para a sua. Infelizmente, muitas companhias não cobrem mais danos à bagagem que não sejam de caráter estrutural.

✔ **Perda de voo ou de conexão:** só há obrigatoriedade de compensação se o bilhete for reembolsável e remarcável. No caso de perda de conexão por atraso do voo anterior ou mau tempo, você deverá ser realocado num voo seguinte.

✔ **Atraso de voo:** procure o guichê da companhia aérea. A conduta varia *muito* de uma companhia para outra, mas as regras em geral determinam que passageiros cujos voos estejam com atrasos superiores a quatro horas sejam ressarcidos por gastos com alimentação e comunicação (telefone ou *e-mail*) e, no caso de atrasos superiores a oito horas, sejam acomodados em outro voo, da mesma companhia ou de empresa congênere. Depois desse período, você tem direito ao reembolso do valor da passagem, se desistir de viajar. Cada país costuma ter sua própria legislação a esse respeito; vale verificar as leis específicas do lugar para o qual você embarcará.

✔ **Overbooking ou cancelamento de voo:** a conduta também varia *muito* de uma companhia a outra, mas o passageiro tem direito a ser acomodado em outro voo e a ser ressarcido por gastos com alimentação, comunicação (telefone ou *e-mail*), hospedagem e transporte de ida e volta entre o aeroporto e o hotel, caso o voo seguinte decole em período superior a oito horas. Após esse intervalo, você tem direito ao reembolso da passagem, se assim desejar.

✔ **Informação:** o passageiro tem direito a ser informado sobre qualquer modificação nas condições do voo (previsão de atraso, motivo, hora provável de embarque), no ato do *check-in* ou, se possível, com antecedência, para evitar seu deslocamento desnecessário até o aeroporto.

✔ **Reclamações:** caso o passageiro se sinta lesado de alguma forma pela companhia aérea, pode fazer uma reclamação formal ao fiscal de aviação civil disponível no aeroporto, além de entrar com uma ação contra a empresa com base no código civil, no código do consumidor ou na Convenção de Varsóvia, tratado sobre as normas do transporte aéreo internacional.

Deveres

✔ **Desistência ou alteração no voo:** se você desistir da viagem ou quiser alterá-la, consulte antecipadamente seu agente de viagens ou a companhia aérea, pois os procedimentos variam a cada caso. Em muitos casos, há taxas e multas.

✔ **Perda ou roubo do passaporte:** procure imediatamente o consulado ou a embaixada brasileira para fazer um documento provisório. Viaje sempre com cópia do passaporte para facilitar o processo.

✔ **Perda ou roubo do cartão de crédito ou dos *traveler's checks*:** ligue imediatamente para a central do cartão ou para a emissora dos cheques, para comunicar a perda ou o roubo e solicitar a reemissão dos documentos. Para a reemissão dos *traveler's checks*, será preciso passar à instituição financeira a numeração de cada cheque. Portanto, mais uma informação para você ter sempre anotada e guardada em local seguro.

✔ **Pontualidade:** em caso de *overbooking* em seu voo, você só poderá reclamar se tiver comparecido para o *check-in* (que representa a confirmação efetiva da reserva) com a antecedência mínima estabelecida pela companhia aérea. Se não tiver sido estabelecido um horário, a antecedência mínima é de 45 minutos para voos nacionais e uma hora e meia para internacionais. Atente para mudanças de fuso horário e para horários atípicos, como o de verão, existente em alguns países além do Brasil.

✔ **Segurança:** o passageiro deve sempre respeitar as normas de segurança informadas pela tripulação da aeronave, como não usar nenhum aparelho que possa interferir na comunicação do avião com a torre.

✔ **Educação:** não furar filas, não jogar lixo no chão, não burlar regras de transporte público etc. Aquelas mesmas coisas que sua mãe ensinou quando você era pequeno são preceitos básicos para interagir bem com outros povos e outras culturas ao viajar.

✔ **Respeito ao próximo:** no avião, não fale alto demais nem se apoie na poltrona de outros passageiros ao sentar e levantar. Antes de inclinar sua poltrona, verifique se o passageiro de trás não está usando a mesinha de apoio. Peça e dê licença prontamente para as idas ao banheiro ou caminhadas pelo corredor.

✔ **Respeito às culturas:** informe-se previamente sobre as diferenças culturais do destino visitado, para não ofender os habitantes com equívocos comportamentais.

ÍNDICE REMISSIVO

SOBRE A AUTORA

Quando criança, Mari Campos quis ser cantora, organizadora de festas, professora, atriz, escritora; passou grande parte da infância e da adolescência escrevendo crônicas e "livros" de ficção por puro prazer. Mais tarde, descobriu que, além da paixão pelas letras, viajar e conhecer o mundo, outros povos, outras culturas, outras histórias era quase uma obsessão.

Hoje, formada em jornalismo, trabalha como *freelancer* de textos de turismo (*travel writer*, como se diz por aí) para várias publicações no Brasil e no exterior, como *Viagem & Turismo*, *Elle*, *Marie Claire*, *Giro pelo Mundo*, *Revista IN*, *La Voz del Interior*, entre outras.

Passa boa parte do ano viajando, seja a lazer ou a trabalho, e também divide suas dicas da "estrada" com *solo travelers* e outros viajantes de todo tipo nos *blogs* Pelo Mundo (www.pelo-mundo.com) e Saia pelo Mundo, do portal Viaje Aqui.